八巻 香織■著
ティーンズポスト■編

7days アサーティブネス
【こじれない人間関係のレッスン】
assertiveness

太郎次郎社エディタス

もくじ

はじめに

コミュニケーションはむずかしい――そう思えるなら、あなたはもうすでにアサーティブへの道を歩いています。

「コミュニケーションはやさしい」という思いこみからは、話さない、信じない、感じない、という機能不全なコミュニケーションしか生まれません。

コミュニケーションは生きている、ナマものです。自分も相手も尊重しようとすれば、予期できないことやままならないことが生じてくる、それがリアルというものです。だからむずかしいのですが、むずかしいこととは、できないものというわけではありません。

この本は、そのむずかしいことをわかりやすく、楽しく努力していくために、感じて考えて行動するテキストとして書きました。

2002年９月に出版した『こじれない人間関係のおけいこ――アサーティブネスしようよ』（ビクターエンタテインメント）を下敷きに、読者の感想や各地でのワークショップからさらにニーズを読みとり、あらたにエモーショナルリテラシー（感情の読み解き方）、批判の受けとめ方、機能不全なコミュニケーションへの対処などをふくめ、大幅に加筆しリニューアルしました。

コミュニケーションは、お手軽で安易な方法を求めたり、一発逆転をねらうようなものではありません。むしろ、そのむずかしさに向きあうプロセスのなかで、気がつくと、こじれない関係性が生まれているものです。

そう、結果はあとからついてくるものなのです。

自分の気持ちとどうつきあって、それをどう人に伝えて、どのような距離をとり、どんな関係をつむいでいくか。さまざまな場面で思い悩むときに、この本が、あなた自身やあなたのまわりにいる人たちにとって、新しいステップを踏みだすきっかけとなると信じています。

さあ、いっしょにはじめましょう。

【この本の使い方】
この本は毎日１章ずつすすめると、７日間で終わるように構成されています。

●クロの絵本
見て、感じて、学ぶコミュニケーション。クロちゃんと楽しみながらウォーミングアップ！

●つぶやきログ
日ごろコミュニケーションにとまどうこと、悩むことの「つぶやき」です。心の荷物をほどいて、おろしましょう。

●アサーティブへの助走
こころとあたまのウォーミングアップも完了したところで、アサーティブの世界へ踏みだすはじめの一歩です。解説的な部分です。

●自己理解ワーク
書くことで自分を深く理解する安全なワーク。「私」とは、なにをおしゃべりしてもいちばん安心できる相手ですから、実際にペンを持って書きこんでみてください。気づいたことや発見したことも書きとめておきましょう。それは、あなたのコミュニケーションや自己表現を変えていく重要なヒントになるはずです。

●アサーティブ実践レッスン、４つの自己表現ステップ
からだで学ぶアサーティブの実習室です。コミュニケーションのしかたをまとめています。また、コミュニケーションのパターンを４匹のクロちゃんが演じわけています。あなたの日ごろの反応にも、４匹のクロのどれかが、顔を出しているかもしれません。ここであなたの日常のコミュニケーション・ステップを自己点検し、新しいステップを研究開発していきましょう。

●アサーティブのツボ
ちょっと、お茶でも飲みながら、一息ついて日常の具体的なケースをもとに、アサーティブのツボを押さえましょう。今日からのあなたのアサーティブ実践に勇気が生まれる、じんわりと効くツボです。【発展ワーク】では、いままでの人間関係のできごとをふり返ったり、想い起こしてみてください。答えは一つではないので、いろんな人と話しあってみるとおもしろいですよ。あなたが変化していくヒントが見つかることでしょう。

ユーモアとは、
自分にあって然るべきものがないときに、
それを笑い飛ばすものである

ラングストン・ヒューズ

こじれない人間関係

第1日

だれかとコミュニケーションがうまくいかないとき、
あなたはどんな「ステップ」を踏んでいるでしょう。
相手もどんな「ステップ」を踏んでいるでしょう。
きょうは4つの自己表現ステップについてお話します。

◇　　月　　日

クロの絵本 1

短い5章の自伝　ポーシャ・ネルソン
Autobiography in Five Short Chapters
by Portia Nelson

1
私は通りを歩く。
歩道に深い穴がある。
私はそこに落ちる。
私は途方に暮れ、……私は絶望している。
　私のせいじゃない。
出口を見つけるには永遠の時間がかかる。

2

私は同じ通りを歩く。

歩道に深い穴がある。

私はそれを見ぬフリをする。

私はまた落っこちる。

またやったなんて信じられない。

　でも私のせいじゃない。

穴から出るにはまだ長い時間がかかる。

3

私は同じ通りを歩く。

歩道に深い穴がある。

私はそこに穴があるのを見る。

それでも私は落っこちる……それは癖になっている。

　私の目は開いている

　自分がどこにいるのかがわかる。

それは私のせいだ。

私は即座に抜け出す。

4
私は同じ通りを歩く。
歩道に深い穴がある。
私はそれをよけて通る。

5
私は別の通りを歩く。

訳：鈴木美保子
『内なる子どもを癒す』（誠信書房、1997年）より

つぶやきログ 1

うまくいかないのは、なんのせい?

人間関係の問題に苦しむとき、
うまくいかない原因を探しだそうとしてみる。

〈いくら言っても相手がわかってくれないから〉
と相手のせいにしたり、
〈社会が悪い、時代が悪い〉
と環境のせいにしたり、
〈私の性格が悪いから、うまくいかないんだ〉
と自分の性格のせいにしたり、

相手を責めたり、なだめたり、
自分を責めたり、なだめたり、
いろいろやってみたけれど、関係は変わらなかった。

人間関係がこじれるとき

〈今日は健康だなー〉とは思わなくても、
具合が悪いときには、
〈だるいな、アタマ痛いな〉と意識する。

人間関係だっておんなじだ。

ムリのない健康な関係は、
空気のように意識しないけれど、
居心地悪い不健康な関係は意識する。
〈なんでこんなに息苦しいの〉
〈なんかモヤモヤ、スッキリしない〉
どこか具合が悪いことを
私のからだが知らせてくれる。

人間関係をつくるもの

なにが人間関係をつくるのだろう。
コミュニケーションをつくるものはなんだろう。

ことばの使い方？
礼儀作法？
処世術？
自分の気持ちを押さえること？

いろいろ考えあぐねているうちに、
大切なものを忘れていたことに気がついた。

そう、関係は気持ちのやりとりで生まれるんだ。
自分の気持ちと相手の気持ち。
気持ちのキャッチボールが関係をつくるんだ。

できない自分を許してね

わかっているのにうまくできないことがある。
気がつくといつもハマってるパターンがある。
いくら気をつけていてもくり返していることがある。

私が身につけたパターンのルーツは、
子ども時代にさかのぼる。
家族関係に始まる人間関係で身につけたもの。

子ども時代に学びそこねたことは、
からだが大きくなったからって、すぐできるものじゃない。
年を重ねただけで、できるものでもない。

できない自分を許してね。
責めても、けなしても、私は変わらない。
許して認めたら、変えられるものが浮かびあがってくる。

新しいステップを学ぼう

あれしちゃダメ！
これしちゃダメ！
ダメ！　ダメ！　ダメ！
いままでのステップを禁止して、
新しいダンスを踊ろうとしたら、
足がもつれてころんじゃった。
ガンジガラメに縛られちゃった。

新しい人間関係のダンスを踊るには、
今までの自己表現のステップに気づくこと。
新しいステップを学ぶこと。
今までのステップが残っていても大丈夫。
勇気を出して新しいステップを踏んでみよう。

アサーティブへの助走

●４つの自己表現ステップ

これからこの本に出てくる４つの自己表現のステップについて紹介しましょう。

人がなにかを表現するときのパターンをこの本では、「キレるステップ」「タメるステップ」「コモるステップ」、そして「しなやかステップ」の４つに分類し、それぞれに「ギャオス」「オドオド」「ムッツリ」、そして「アサーティブ」というニックネームをつけました。

おっと、早とちりしないで。これは性格のことを言っているのではありませんよ。「私はキレる性格で、キレやすいタイプ」なんて。これは性格や人格の分類ではなく、あくまで表現の仕方、自己表現のステップなのです。

「キレる」「タメる」「コモる」ステップは、ことばからもなんとなくマイナスなイメージがします。だから、そんなステップを踏んではいけない、そんなステップを踏む自分はダメなのだ、と受けとる人がいるかもしれませんね。さらには、「しなやか」ステップを踏まなければいけない、と意気ごんで、この本を手にしている人がいるかもしれません。

「キレる」「タメる」「コモる」ステップは、私たちが社会や親から受けとってきた自己表現のステップです。慣れ親しんできたステップですから、無自覚に踏んでいることがあります。それをなにもなかったように一瞬にして消しさることはむずかしいことです。

アサーティブなコミュニケーションは、それらを無いものにするのではなく、認めて自覚するところから始まります。性格や人格ではなく、表現のステップに焦点をあてるのです。

人間関係の混乱の多くは、その原因を性格や人格の問題にして、いま自分が踏んでいるステップを自覚しないところから起きています。

だれかとコミュニケーションがうまくいかないとき、まずは、どんなステップを踏んでいるのか、自分ウォッチングをしてみてください。そして、相手もまたどんなステップを踏んでいるのか、相手ウォッチングをしてみてください。

いま自分がどんなステップを踏んでいるかを認めれば、新しいアサーティブなステップ、「しなやか」ステップへ踏みかえることができます。

そう、「しなやか」ステップは、「キレる」「タメる」「コモる」ステップを踏んだことでこじれた人間関係をやり直す、関係修復のステップでもあるのです。

つまり、アサーティブとは、相手を思いどおりにコントロールする方法ではなく、自分のコミュニケーションのステップを客観的に見つめ、自分からまずステップを変えていく、自己信頼にもとづく自己表現なのです。

それによって、あなたは、無意識に「キレ」たり「タメ」たり「コモ」ったりして落ちこむのではなく、「キレ」たり「タメ」たり「コモ」ったりする自分をも選択することができるようになるでしょう。選択する自由を得て、はじめて自分の望まないものからは手を放し、自分の望むものを取り入れようと何度でも試みて努力することができます。

では、つぎのページから4つのステップと出会ってみてください。

Aggressive
キレるステップ
ギャオス

相手より上に立とうとする表現スタイル。
自分の気持ちをおし通して、相手を思いどおりにすることを第一に考える。
相手を主語にして語る〝あなたメッセージ〟で、
相手を打ち負かすように主張をぶつける。
相手の言い分を認めることは負けることだと思っているため、
自分の言い分が通らないと陰では落ちこみ、人前では強いフリをする。

あんたはいつもそうだろ！
あんたはぜんぜん
わかってないよ！

自分がこういう自己表現スタイルをとったときのことを
思いだしてみましょう。
いつ、どこで、どんな状況で、だれにたいして、
このステップを使いましたか？
あとで、どんな気分になりましたか？
その相手とは、どんな関係になりましたか？

Passive
タメるステップ
オドオド

相手より下に立とうとする表現スタイル。
対立することを恐れて、相手に向きあうことを避け、
自分の気持ちをおし隠す。相手に従うことで関係をとりつくろうが、
相手が自分の気持ちを察してくれることをひそかに期待している。
自分で選択・決定しない。相手しだいなので、
結果がいいときは相手のおかげだが、
結果が悪いときには相手のせいにし、自分を責めたり、あわれむ。

あの……
なんていったらいいいか
たぶん、つまりその一……
わかっていると
思うけど……

自分がこういう自己表現スタイルをとったときのことを
思いだしてみましょう。
いつ、どこで、どんな状況で、だれにたいして、
このステップを使いましたか？
あとで、どんな気分になりましたか？
その相手とは、どんな関係になりましたか？

Passive-Aggressive
コモるステップ
ムッツリ

表面的には受身ステップをとって相手と向きあうことを避けるが、
じつは攻撃ステップのように相手を思いどおりにあやつろうとする。
理性的でスマートなポーズをとり、
なんにでも黒白をつけて、相手の気持ちを封じこめたり、
相手に罪悪感を抱かせてコントロールしようとする。

自分がこういう自己表現スタイルをとったときのことを
思いだしてみましょう。
いつ、どこで、どんな状況で、だれにたいして、
このステップを使いましたか？
あとで、どんな気分になりましたか？
その相手とは、どんな関係になりましたか？

Assertive
しなやかステップ
アサーティブ

自分の気持ちに耳をすませ、それを正直に認める。
私を主語にする〝私メッセージ〟で相手に向きあい誠実に伝える。
人と人のちがいを認め、おたがいの気持ちをやりとりすることで
問題を解決し、対等な関係をつくろうと努める。

私はイヤだな。
私は新しいステップで
ダンスを踊りたい。
あなたはどう思う？
気持ちを聴きたい。

たとえ、ノン・アサーティブな３つのステップを踏んだとしても、
それを自覚すれば、いつだってアサーティブな自己表現で
やりなおすことができます。
自分のステップを自覚することが、
新しいコミュニケーションへの扉を開く鍵となります。

自己理解ワーク

●自分とおしゃべりしてみよう

♥　だれかに、気持ちを伝えたいと思った場面を思い出してみて。

♡　恋人に、「気持ちをきかせてほしい」って思ったことがあります。

♥　そのとき、どんな言葉で言った？

♡　相手に伝えた言葉は「いつも私ばかりなんだから。もう、いいよ」。

♥　そのときに使ったステップは、なにステップだろう。

♡　ムッツリ（コモるステップ）かな。

♥　言葉以外（しぐさ、まなざし、姿勢、声のトーン、表情）はどうだった？

♡　ムッとして、低くて小さい声のトーンだった。

♥　あとでどんな気分になった？

♡　イライラという気分になった。

♥　気持ちは伝わったかな？

♡　ううん。「気持ちを話してほしい。気持ちを聞きたい」が伝わってない。

♥　ほかの場面でもおなじようなパターンがあるかな？

♡　私が陥りやすいパターンは「自分の気持ちを飲みこみながら、相手をコントロールしようとするパターン」かも。

♥　そういう自分にとって、できることはなんだろう。

♡　私にできることは「思ってもいないことは言わない。正直な気持ちを話すように心がけていくこと」かな。

♥　〈相手が変わらないからなにも変わらないんだ〉と思うときには、〝相手ができること〟ばかりを考えて、〝私からできること〟を忘れていることがある。すると、無力感に陥るから、どんな小さなことでもいいので〝私からできること〟を考えてみようよ。いますぐ思い浮かばなくても大丈夫。この本と一緒にこれから考えていこう。最後に、自分とおしゃべりしてみて発見したことある？

♡　私は自分の気持ちを伝えているつもりだったけれど、相手に伝えていないことに気がついた。

●対話を参考にあなたも書いてみましょう。

私が相手（　　　　　　）に伝えたいことは（　　　　　　　　　　　　　　）です。

私が相手に伝えた言葉は「　　　　　　　　　　　　　　　　　　　　　　　」です。

そのときに使った私のステップは（　　　　　　　　　　　　　　　　　　　）です。

そのときの非言語メッセージ（しぐさ、まなざし、姿勢、声のトーン、表情）は？

（　　　　　　　　　　　　　　　　　　　　　　　　　　　　　　　　　　　）

あとで私は（　　　　　　　　　　　　　　　　　　）という気分になりました。

私が相手に伝えてない気持ちは（　　　　　　　　　　　　　　　　　　　）です。

私が陥りやすいパターンは（　　　　　　　　　　　　　　　　　　　　　）です。

私にできることは

（　　　　　　　　　　　　　　　　　　　　　　　　　　　　　　　　　）です。

★★発見したこと

自己理解ワーク

●セルフアセスメント

20の問いについて、あてはまる数字を空欄に入れてください。
1…めったにない　　5…ときどき　　10…いつもそう

		A	B	C	D
1	私は意見の対立をオープンに話し合うことで解決する				
2	私は人の話を際限なく聞いて、あとで疲れることがある				
3	私は人とのコミュニケーションは難しいけれど、面白いと思う				
4	私は対立があるとき、身を引いて回避する				
5	私は他人の話を正しいか誤りか評価しながら聞いている				
6	私は人からほめられるのが好きだが、人をほめることはない				
7	私は自分がどうするかよりも、相手がどうするべきかを考えている				
8	議論になると、自分の言い分を通して相手を屈服させたいと思う				
9	私は大切なことを話す時、相手を見つめて、手の動作を使う				
10	私は人をよくほめるが、人からほめられると落ちつかなくなる				
11	私が話す時の声やテンションの高さに相手が引くことがある				
12	せき払い・ため息・舌打ち・沈黙で、いやな気分を表すことがある				
13	私は自分の必要なものやイヤなことを言葉でオープンに他人に伝える				
14	「言っていることが分からない」とか「声が小さい」と聞き返されることがある				
15	会話がつまらないときには、携帯に集中したり、視線をそらす				
16	自分の言い分を相手に理解させようとするが、相手が理解しないと落ち込む				
17	私はムカつくと黙って席をたつ				
18	私は自分が欲しいものを相手にほのめかすが、頼むことはしない				
19	私は対立を恐れず、売られたケンカは買って出る				
20	私は上下関係より、対等な関係が心地よいし、正直な自分が好きだ				

（Aの合計）×３－（Bの合計＋Cの合計＋Dの合計）＝あなたの得点

-50	アサーティブネスの世界へようこそ。アサーティブを学ぶチャンスを自分でつくったあなたは、もうアサーティブネスの道を歩き始めています。
51-95	あなたは普段からコミュニケーションの問題に関心を持っていますね。さらに応用できるスキルを磨いていきましょう。コミュニケーションスキルは一生成長します。
96-129	アサーティブなコミュニケーションを活用していますね。あなたの誠実さを周りの人と分かちあいながら、アサーティブネスをより洗練させていきましょう
130-135	卓越したコミュニケーション能力の持ち主か、自分にウソをついているか？　どちらかな？

A列…あなたの「アサーティブ　しなやか度」
B列…あなたの「ギャオス　キレる度」
C列…あなたの「オドオド　タメる度」
D列…あなたの「ムッツリ　コモる度」

あなたの中の「ギャオス　キレる度」「オドオド　タメる度」「ムッツリ　コモる度」に注目!!　それを自覚し、認めるとことから、アサーティブネスはスタートします。
認めたものはかえられます!!

アサーティブのツボ 1

こころのことばとおしゃべりしよう

●彼女を変えるのではなく、自分を変える

これまで、北海道から沖縄の離島まで全国各地いろんな場所でアサーティブのワークショップをやってきました。私がいつも思うのは、アサーティブに関心をもって足を運んでくれる人というのは、もうすでにアサーティブな道を歩きはじめているということです。

「この人にこそアサーティブに関心をもってほしいなあという人は、なかなかやってきてはくれませんね」という声もよく耳にします。

「えー、それじゃあ、意味ないじゃない！」と言ってしまうのは早合点。アサーティブネスは、相手の変化をあやつるものではなく、自分ひとりからスタートできる確かな変革なのです。

こうしたワークショップの参加者というと、どこでも女性が多く、男性にもっと来てほしいなあと思うのですが、その希少な男性参加者というのは、なかなかユニークで魅力的な人が多いものです。

ある地方都市の男女共同参画センターで２日間のワークショップを行なったときのこと。はじめてアサーティブ・トレーニングに参加したというＳ君は、笑顔がきれいな20代の青年です。参加動機を聞いたところ、「じつはつきあっている彼女がいるんですけど、なかなか自分の気持ちを話してくれないんです。それで、ぼく自身のコミュニケーションから見つめ直してみようかと思って」とのこと。

そうそう、こういうしなやかな感性をもつ男性が、アサーティブ・トレーニングにやってくるんですよね。Ｓ君の受講動機に耳をそばだてて、しきりと感心している年齢・性別さまざまな参加者たちに囲まれて、Ｓ君は汗をかきかき、ロールプレイ（役割別の寸劇）をくり返します。

今日はじめて出会った一人に彼女役になってもらって、「いつも気持ちを話してくれないでしょう。もっと気持ちを話してほしいんだ」とＳ君は一生

懸命、伝えます。うーん、情熱が伝わってくるなあ……。

カーン、第１ラウンド終了。

「いまどんな感じ？」と聞くと、Ｓ君は胃のあたりを押さえながら「うーん……」とうなっています。そうそう、自分のこころのなかにわだかまりがあるときには、からだは正直です。

●彼女に思いを伝えられた

一息つくＳ君に、こんな話をしました。ある大学で学生たちに「男らしくない」「女らしくない」と言われて傷ついた場面についてアンケート調査をしたときのことです。

そのアンケートでは、男性が女性とつきあっていて自信を失うのは「優柔不断と言われること」。一方、女性たちが男性から非難されて傷ついたのは「はっきりものを言ったとき」というように、具体的な場面があげられました。

どうやら、男性たちは「男であることは素早くひとりで決断できること」という枠に自分を当てはめようとし、女性たちは「女であることは相手に従い、自分の考えはあいまいにする」という枠に自分を閉じこめようとし、いずれもその枠に収まりきらず、はみ出たことで非難を受け、傷ついているようです。それはジェンダー（社会的・文化的性別）役割で拘束しあう関係です。

その話を聞いていたＳ君は「そうそう、そうなんですよ。ぼくもひとりでなんでも決めなくちゃって思いつつ、なかなか決められなくて、そういう自分にイライラしつつ、そんなとき自分の気持ちを話さない彼女にもイライラするんだ」と、自分に言いふくめるようにうなずきながら語ります。

そして、まっすぐに目を開いて「ほんとうは彼女と一緒に考えたい。一緒に決めたいんです」と言いました。

どうやら、Ｓ君は彼女に伝えたい自分の気持ちをとり出せたようです。

さて、第２ラウンド開始です。今度は、「ぼくはあなたと一緒に考えたい。一緒に決めたいんだ。気持ちを聞かせてほしい」と伝えるロールプレイとなりました。

第１ラウンドでは「気持ちを話してほしい」と対他欲求（相手の行動への要

求）で一点張りだったのが、第２ラウンドは、いまとり出したばかりの「ぼくは一緒に考えたい」という対自欲求（自分自身の願い）が添えられたのです。

「あなたの気持ちを話してほしい」の一点張り場面から、今度は「ぼくはあなたと一緒に考えたい。一緒に決めたいんだ。気持ちを聞かせてほしい」という胸がキューンとなるような場面が生まれて、会場の雰囲気もどんどんほどけていくようでした。

２日目の朝、Ｓ君はニコニコ顔でやってきました。

「ゆうべ、さっそく彼女に電話して、実践しました！」と。

●自分の気持ちを見つける方法

アサーティブ・トレーニングは、こんなふうに外側に正解を求めるのではなく、自分とおしゃべりしながら、思いこみやとらわれの奥にあるリアルな気持ちをとり出し、安心できる場所でそれを伝えていく練習をしていくものです。

自分の気持ちがわからないときには、相手の行動が変わることばかりを願い、相手に気持ちを伝えることができません。

自分の気持ちをことばにするには、自分とおしゃべりすることが必要なのです。

自分の気持ちは世界でたったひとり、自分にしかわからないから、まずは自分の気持ちに耳をすませて、それを認めて、はじめて相手に伝えることができるのです。

しかし、ほんとうに伝えたいと思う強い気持ちほど、また、相手が自分にとって大切な人であるほど、自分の気持ちをことばにするまでに時間がかかることがあります。

そんなとき、自分の思いをことばにして書くことは、自分の気持ちを認めるために役立つ安全な方法です。

また、グループワークや自助ミーティングなど安心できる場所でおしゃべりすることも助けになります。安心できる場所でわかちあううちに、自分の気持ちがだんだんハッキリ浮かびあがってきます。

絵を描いたり、歌をうたったり、ダンスを踊ったり、からだを動かしたりするうちに見つかることもありますし、歌の歌詞や人が書いた文章のなかに自分が言いたかったことばを見つけることもあります。

それでも、私のセリフが書かれた台本がどこかに用意されているわけではありません。私の気持ちを言いあてることばは、いつも私自身のこころのなかにあります。

それを探っていくために、自分とおしゃべりする練習をしてみましょう。

〈いま、なにを感じている？〉

〈どうしたい？〉

困ったとき、迷ったときほど、自分の声をうち消したり、否定したりしないで、まずはじっくり自分とおしゃべりしてください。

すぐに気持ちがわからないときも、まずは感情を十分味わって、時間をかけて自分の声に耳をすませてください。しばらく放っておいたとしても、自分の気持ちは、あなたが理解したいと思うかぎり、いつまででも待っていてくれます。

つぎの章では、自分のこころのことばを探すときの鍵となる感情についてお話しします。

感情という友だち

第 2 日

あなたのなかから沸きあがってくるさまざまな感情。
かなしい、はずかしい、疲れた、たのしい……。
一つひとつの感情とていねいに向きあい、
感情のメッセージを読み解いてみましょう。

◇　　月　　日

クロの絵本 2

こ わ い

という気持ちをガマンしていたら

こわい犬になった

さびしい

という気持ちをかくしていたら

さびしい犬になった

はずかしい

という気持ちを感じないでいたら

はずかしい犬になった

つぶやきログ 2

こころの窓

こころの窓は二重構造。
外に開く窓と内に開く窓。
それぞれ開く向きがある。

外に開く窓からは、
人の表情や行動がながめられる。
世界の情報をキャッチできる。

内に開く窓からは、
私の感情や考えがながめられる。
からだのメッセージをキャッチできる。

外側に開く窓と内側に開く窓を
それぞれ自由に開け放ち、
行ったり来たりしてみたら、
私は私として存在することができた。

窓を閉じて守るとき

外に開く窓から、
思いがけないものが飛びこんでくるとき、
私は外に開く窓をしっかり閉めて、
自分を守ることがある。

気持ちを拒絶する人のまえにいるときや、
気持ちを閉ざす人のまえにいるときに、
私は内に開く窓を閉じることで
自分を守ることがある。

圧倒されないように、
傷つかないように、
私は窓をしっかり閉めて、
自分を守ることがある。

窓を閉ざしつづけたら

外に開く窓を閉めつづけていたら、
私は世界とかかわれない。
〈うまく取りこまなくちゃ〉と、
情報をうのみにしたり、従うことばかり考えた。

内に開く窓を閉めつづけていたら、
私は私とかかわれない。
〈人からどう見られるか〉と、
人の目ばかりが気になってきた。

「自分以上の自分」にしがみついたり、
「自分以下の自分」にとらわれたり、

私はリアルな私を見失う。
私の感情は小さく縮こまる。

内側に向けて窓を開こう

感情には、よいも、悪いもない。
正しいも、まちがいもない。
ただ、そこにある自然なもの。

私のからだをゆるませたり、ほころばせたり、
こわばらせたりするけれど、
消したり、ねじまげることはできない。
いつもフレッシュな私の友だち。
生きている私からわきでてくるからだのメッセージ。

タメるばかりじゃ、むかつく。
キレるばかりじゃ、あばれる。
コモるばかりじゃ、ねじれる。

内に開く窓をそーっと開けてみよう。
感情をすくいとって手のひらにうかべて眺めてみよう。
名前をつけて呼んでみよう。

感情はフレッシュな友だち

たくさんの感情が見えてきた。
いろんなメッセージが聞こえてきた。

大切なものを失ったんだ、と〈悲しい〉が言った。
人を求めているんだ、と〈さびしい〉が言った。
いつも応援しているよ、と〈緊張〉が言った。
期待が大きいね、と〈不安〉が言った。
勇気を紹介するよ、と〈恐れ〉が言った。
欲求不満なんだ、と〈怒り〉が言った。
関わりたいな、と〈好き〉が言った。
距離がとれるよ、と〈いや〉が言った。

〈うれしい〉〈たのしい〉〈大好き〉も顔を出した。

私はいつでも内に開く窓を開け、
感情という友だちとおしゃべりできる。

アサーティブへの助走

●感情タロット

あなたのなかには、いろいろな感情があります。

つぎのページからの感情タロットをコピーし、切り抜いてカードにしましょう。そして、よくシャッフルしてその１枚を引き抜いてみましょう。

きょう１日をふり返って、どんなときにその感情を感じたか、心とおしゃべりしてみませんか。

友だちとカードを引きっこして、その感情を感じた場面を相手に話してみましょう。そして、それはなんの感情なのかを当てっこしてみましょう。あなたが「悲しい」と感じた場面に、ほかの人は違う感情をいだくかもしれません。

アサーティブは、自分の気持ちと素直に出会うことからはじまります。感情は泉のように内面からわき出てきて、出会うものです。自分のなかからどんな感情が出てくるかを選択したり、意思の力でコントロールすることはできません。私たちにできることは、あふれてきた感情を認め､受け入れ､それを他人にどう伝えるかということのみです。

感情、それはあなたのいまを伝えるメッセージです。だから、怒りや焦り、不安といったネガティブとされている感情も、どうぞ大切に、それを抱きしめてあげてください。そこからのメッセージに、耳をかたむけてください。

ネガティブとされている感情も、それ自体を恐れることはありません。その対処法はいろいろあります。怒りがわいてきたときには、その怒りに耳を傾けたあと、プールへ行って1000メートル泳いでくる。洗い物や洗濯をする。鏡のまえで百面相をする……。行動を選択するのはあなた自身です。自分なりの対処法をもっていれば､感情はだれも傷つけません。お酒や買い物､どか食いで感情をすりかえたり､ないものにしたりする機能不全な対処法は､自分や周囲を傷つけて人間関係を断ち切るアディクション（依存症）と呼ばれます。

アサーティブへの助走

私の感情タロット

感情ってなんだろう。
感情を手のひらにのせてながめてみましょう。
それぞれの感情には、どんな意味があるでしょう。

私は【かなしい】と感じた
【かなしい】は大切なものを失ったときに感じる感情。そのものが大切であればあるほど深く感じるし、感じることでこころのキャパシティを広げてくれる感情だ。男らしくあるためには、「泣くな」「黙れ」と、かなしみの表現を禁じられることがある。だが、【かなしい】を感じないでいるとこころは狭く固くなって、自分自身にも他者にも冷酷で残酷になる。

私は【はずかしい】と感じた
【はずかしい】は品位をつくる感情。自分自身の素の姿を他人に開示するときに感じる。たとえば、恋する人に「好きだ」と告白するときには大いに感じる。感じることで、品位のある表現が生まれる。だが、感じないと、ハレンチなことが平気でできる【はずかしい】人になる。

私は【疲れた】と感じた

【疲れた】は自分の無理を知らせてくれる感情。感じることで自分の限界を知ることができる。感じないと無理を抱えこみ、際限のないガンバリズムで自分を追いこみつづけ、〈私ばかり、こんなにやっているのに……〉と、被害者意識がふくらんでくる。相手の責任まで背負うことで、相手を無責任な人にしてしまうこともあるが、責任のとり過ぎというのも無責任の一つだ。

私は【たのしい】と感じた

【たのしい】はどんな状況にあっても、自分を解放してくれる感情。これだけを感じて生きていたいとも思うが、怒りや哀しみや他の感情を感じないでいると、【たのしい】が感じられなくなる。さまざまな感情を感じて、今を生きてこそ、たのしさを感じる瞬間はゆたかにふくらむ。

私は【さびしい】と感じた

【さびしい】は他人を求める感情。感じることで新しい出会いを求めていくが、感じないと孤立する。特に、親子関係をはじめ家族のなかでは【さびしい】と感じることでおたがいがそれぞれの自立を育んでいく。だが、家族問題で年中すったもんだしていると、【さびしい】と感じる暇もなく、病んだ安定のなかに居続ける【さびしい】家族、【さびしい】人となるわけだ。

私は【こわい】と感じた

【こわい】は、安全を守る感情。かつて痛い体験をしていると同じような状況で恐れからからだがすくんだりするが、そのぶん用心深く行動できる。感じないでいると、こわいものにどんどん近づいたり、こわいもの知らずの傍若無人のふるまいをする【こわい】人になる。ちなみに、【こわい】が【疲れた】の意味をもつ地域もある。感情は生まれ育った土地のことばで表現するとしっくり実感できるものだ。

私は【好き】と感じた

【好き】はかかわっていく感情。感じると近づきたくなる。とりこみたくなる。そうして、【好き】なものは自分自身の一部となる。だが、【好き】だけで関係がつくれるのは、恋愛3か月くらいまでと言われている（くわしいデータは不明）。そこから先、適度な距離がとれる親密な関係を作るには、つぎの【ＮＯ・いや】が必要になる。

私は【NO・いや】と感じた

【ＮＯ・いや】はムリのない適度な距離をつくる感情。どんなに親しい間柄でも、人と人とのちがいを認める感情。親密な関係とは【好き】と【ＮＯ・いや】を正直に同時に伝えあうことで成り立つ。だが、【ＮＯ・いや】と感じないと、相手の言いなりになるか、相手とかかわらないように関係からひきこもることになり、距離の取れない息苦しい関係に陥る。

私は【緊張する】と感じた

【緊張する】は、自分の力を発揮するときに自分を応援してくれる感情。発汗、発熱、紅潮、排泄、震えなどという身体のメッセージがあらわれるのは、十分力を注げるよう、余分な力を体外に出そうとする自然なからだの働き。押さえようとすればするほど、感情は暴れるので、深呼吸して、感情を感じ受け入れ「私は緊張して、ドキドキしてます」とことばにして出すのが感情への機能的な対処だ。

私は【腹が立つ】と感じた

健康な【怒り】は、〈〜したい〉〈〜してほしい〉と欲求不満をあらわす自然な感情で、それ自体は恐ろしいものではない。キレたり、タメたり、コモったり……一般に恐れられている【怒り】とは、さまざまな感情が抑圧された状態での【不健康な怒り】のことだ。【怒り】をしなやかステップでことばで表現できるようになるのが精神的自立だ。

私は【不安】と感じた

【不安】は期待と釣りあう感情。期待がふくらむほど、【不安】もふくらむ。【不安】を押しこめようとすると、他の感情と同様、【不安】は余計にふくらみ手に負えないほど暴れる。幻想としてふくらんだ期待を現実サイズにすれば、【不安】は消さなくても手に取って扱える。【不安】を受け入れないで、場当たりしだい垂れ流すと、【不安】のドミノ倒し現象が起こる。自分の【不安】と他人の【不安】を見きわめる境界線を意識しよう。

私は【犬も歩けば棒に当たるような感じ】と感じた

感情は多様な表現ができる。「〜な感じ」というコギャル語は微妙なニュアンスを伝えるときに便利である。「私は【後ろ髪引かれる思い】だ」「私は【断腸の思い】だ」「私は【天にも昇る思い】だ」など、比喩は感情をゆたかに伝える表現として面白いが、ときに大げさに誇張したり、自己陶酔に陥ることもあるので、多様な表現を楽しみつつ、リアルにシンプルにいきたい。

アサーティブのツボ 2

感情は自然のメッセージ

●自分をいじめるとき、感情が感じられなくなる

ストレスフルな日々にこころやからだがすりへるとき、海や山に出かけたり、花や動物を愛したり、自然に触れたいと思うものです。それはそうすることで、自分本来のエネルギーをとり戻せることをこころやからだが知っているからでしょうか。

わざわざ遠くに出かけなくても、いつも身近にある、忘れてはならない「自然」。それは、私自身のからだ。それは毎日身近にあるリアルな自然です。

さまざまな命がそのままに生きいきと存在するサンクチュアリ（安全な居場所）は、自分自身の内面にも作ることができます。

自分のからだに大切に触れて、自分のからだをいつくしむとき、感情というからだのメッセージをそのままにキャッチすることができます。

でも、過労や暴飲暴食、無理なダイエット、傷つく人間関係などで自分のからだをいじめるとき、感情というからだのメッセージは耳に届きにくくなるでしょう。

また、〈怒るのは女らしくない〉とか〈泣くのは男らしくない〉とか、「女らしさ」「男らしさ」の役割（ジェンダー）で拘束しあうと、おたがいに「ありのままの感情」をおし殺す対処法を覚え、偽る関係をつくりだします。

「感情はいけないものだ」という考え方は、「感情を認めることは感情的なことだ」という誤解から生まれるようです。しかし、「感情的」とは実際には〈キレる〉〈タメる〉〈コモる〉というノン・アサーティブなステップによって感情を認めまいとする状態のことです。それは、居心地の悪い関係や暴力を生みだします。

支配し服従する上下関係や、役割で縛りあう不自由な関係は、からだとこころとあたまをバラバラにします。

しかし、こころもからだも、痛みがあるからこそ、異変に気づきます。頭痛や腹痛やからだにあらわれる症状は、ときにことばに出せない気持ちの表現です。からだは正直に私の無理を教えてくれるのですが、それを無視すれば、からだの症状はますますふくらんでいくことでしょう。

その痛みがあまりに深いときには、こころとからだは麻痺することで自分を守ります。痛みを感じないように特定の行動や関係にしがみついたりのめりこんだりする依存行動で、無意識にすりかえることも起こります。そうして、痛みを感じない時間が長引くほど、痛みを癒すプロセスがとどこおり、こじれる人間関係という不要な痛みが加わるようになります。

痛みを感じる力は健康の一部分です。健康であることとは、弱さをふくんでいます。痛みを感じることで、病んでいる部分や痛めている部分に気づき、自分の生き方や人間関係をより心地よい豊かな状態へと成長させていくことができるのですから。

それがこころの健康の回復というものです。

●身体からの声を聞きとるワークを

ストレスフルな日々が続いて、感情が感じられない、自分の気持ちが読みとれないというときには、深い呼吸とともに酸素を消費し、酸素を細胞に送りこむウォーキングなどの有酸素運動からはじめてみましょう。自分の身体と対話してからだ感をとり戻す気功・整体・太極拳・ヨーガ・ピラティスなど、からだの手あてに最近、関心が寄せられています。からだをいつくしむために、毎日無理なくできるプログラムをもつことは、アサーティブネスの根幹にある自己信頼を育む助けともなります。たとえ体調の悪いときでも着実にできる今日一日のお約束を、自分と交わしてみてください。

からだ感と感情の回復には、あせらずに、ゆったりと時間をかけていきましょう。

気持ちを認める

第 3 日

自分の気持ちと素直に向きあおうとすればするほど、
自分はダメだと自分を責めたり、
しっかりしろと自分にキレたり。
等身大の自分と向きあうにはどうすればいいか、
きょうは考えてみましょう。

◇　　月　　日

クロの絵本 3

非言語メッセージ

表情とことばが一致していると、
ことばは力をもつ。

表情とことばが矛盾していると、
誤解や混乱が生まれる。

自己理解ワーク

1　表紙カバー折り返しの「セリフカード」を切りはなしてください。

2　セリフカードを１枚取って、つぎのページから登場するクロちゃんの吹き出しのなかにつぎつぎと置いてみましょう。

3　クロちゃんの表情を見ながら、それにあわせて声を出して「セリフ」を読んでみましょう。

★この他にも、自分でよく口にするセリフを書いて実験してみましょう。

つぶやきログ 3

自分へのウソ

私は私にウソをつくことがある。
知らぬまにウソをつくことがある。

「ううん、平気」
「ぜんぜん、大丈夫」
「そのくらい、どうってことないさ」
「よくあることでしょ」

〈つらい〉〈苦しい〉〈いやだ〉
そういう気持ちを意志の力で消そうとしたら、
気持ちはどんどん固まった。
こころの奥に積もっていった。

こころの現実から目を背けていたら、
現実世界が曇って見えた。

ことばにならないメッセージ

私が認めない気持ちも、私がことばにしない気持ちも、
からだはいつも正直に表現している。

ナミダ、アクビ、アセ、フルエ、まなざし、しぐさ、
声のトーン、からだの痛み、コリ、しびれ。

ことばがこころにもないことを発すると、
相手に誠実にかかわることがむずかしい。
思いがけないディスコミュニケーションが生まれる。

なんで、ねじれちゃうの？　どうして、こじれちゃうの？
こんなに気を使っているのに……。

そんなとき、私がわからなくなっているのは、
私自身の気持ちなんだ。

耳を澄ませて

私が気持ちを認めると、
私は私を信じられる。
私は私と仲よくなれる。

私は気持ちに耳を澄ませた。
私の気持ちは落ち着いた。

私がなにを感じて、なにを求めているのか、
なにを必要としているのか、
気持ちは認められることを待っている。
だれかに届けることよりも、
だれかに認められることよりも、
私自身に認められることを待っている。

私が気持ちを受けいれると、
私は相手の気持ちに耳を傾けた。

私の気持ちを認めよう

重い気持ちも、心地よい気持ちも、
押し殺さなくていいんだよ。
そのまま認めていいんだよ。

認めた気持ちはより深く理解できる。
眺めているうちに姿が変わることもある。
名前が変わることもある。

認めた気持ちは、相手に届けることができる。
だれかとわかちあうこともできる。
たとえすべてことばで表せなくても、
気持ちはいつも私を応援している。

どんなステップで表現しようか。
気持ちは変えられなくても、ステップは変えられる。
私はステップを選択できる。

アサーティブへの助走

●自分いじめからの脱却

「キレる」「タメる」「コモる」ステップで自己表現することは、相手にたいしてだけでなく、自分と対話するときの表現としても登場します。自分に「キレ」たり、自分に「タメ」たり、自分に「コモ」ったりするのです（次ページの図解を見てみましょう）。

ギャオスは私を責め、ムッツリは私を批判し、オドオドは私をあわれみます。この三つどもえのどうどうめぐりが限りなく続くと、自分の気持ちがわからなくなって、自分の状態をリアルに認めることができなくなります（次次ページの図解）。

どうやら、このどうどうめぐりのスパイラルには、目が回って酔っぱらってしまう中毒性があるようです。自分に夢中になり、自分のことだけで頭をいっぱいにしているうちに、現実から目をそらして、「不健康な充足感」を得られるからです。感情アディクションとも呼ばれるこの状態は、人間関係を断ち切り、アサーティブな表現からどんどん遠ざかっていきます。

大丈夫、心配しないで。それは、あなたの性格や人格ではなく、あなたのこころのなかの３つのステップが招くもの。あなたが変えたいと望むなら、変えられますよ。

いま自分は「キレる」「タメる」「コモる」ステップの自分いじめにおちいってどうにもならなくなっている、ということを、批判するのでも責めるのでもあわれむのでもなく、そのまま自覚することが、自分いじめに依存する「ひとり上手」のドラマから脱出していく初めの一歩です。

リアルな自分、リアルな現実は、ちょっともの足りないと思えるくらいがちょうどよい加減です。

では、もう一度このことを、つぎのページからの図解で確認してみましょう。

●私が、ギャオス〝キレる〟ステップで私自身とおしゃべりすると、

いつまでも、
グズグズ言うな。
弱虫！

私は私を責める。

ギャオス〝キレる〟ステップで私自身とおしゃべりすると、あとでどんな気分になる？

●私がオドオド〝タメる〟ステップで私自身とおしゃべりすると、

やっぱりダメなんだ、
どうせ、だれも、
わかってくれないよ。

私は私をあわれむ。

オドオド〝タメる〟ステップで私自身とおしゃべりすると、あとでどんな気分になる？

●私がムッツリ〝コモる〟ステップで私自身とおしゃべりすると、

それはまちがいだね。
それでいいと
思っているのかい？

私は私を批判する。

ムッツリ〝コモる〟ステップで私自身とおしゃべりすると、あとでどんな気分になる？

●どうどうめぐりのスパイラル

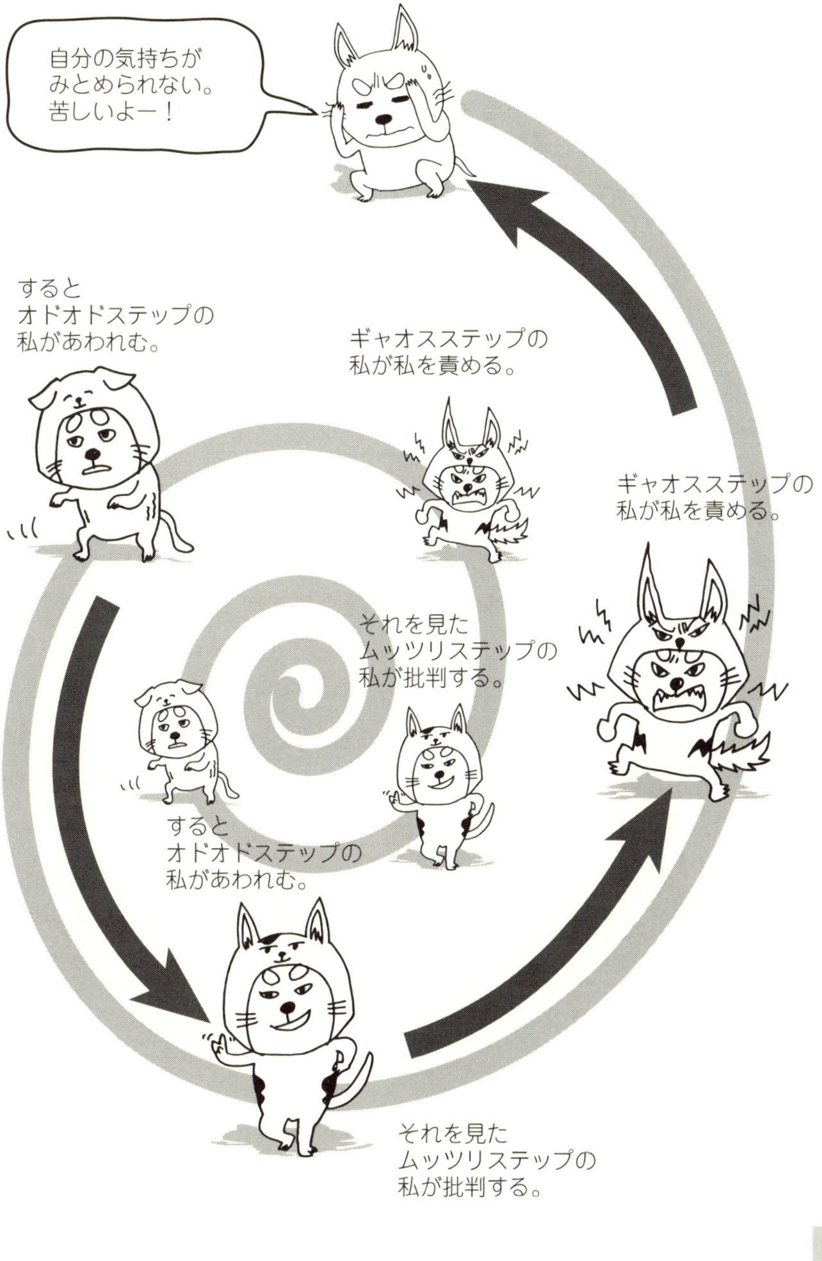
自分の気持ちが
みとめられない。
苦しいよー！
すると
オドオドステップの
私があわれむ。
ギャオスステップの
私が私を責める。
ギャオスステップの
私が私を責める。
それを見た
ムッツリステップの
私が批判する。
すると
オドオドステップの
私があわれむ。
それを見た
ムッツリステップの
私が批判する。

自己理解ワーク

●「私メッセージ」書き換えレッスン

私たちは第三者を主語にして情況を語ることで､自分がどう感じているか､自分がどうしたいか、という自分の気持ちを見失っていくことがあります。

この書き換えは、自分の気持ちを認め、自分を正直に表現するためのレッスンです。おなじことを言っているようでも、「三人称メッセージ」と「私メッセージ」では、どんな違いが感じられますか？

Case1

今朝、ルームメイトのクロ子は部屋をきれいに掃除すると言った。私が戻ると出かけるまえより部屋は汚れていた。

▼三人称メッセージ

クロ子はいつも私をイライラさせる。
クロ子はいいかげん部屋をかたづけるべきだ。
クロ子がだらしないから、私の日常生活がメチャクチャだ。

⇩

◎私メッセージ

私はがっかりだ。
私はクロ子に部屋をかたづけてほしい。
私はクロ子とこの部屋で心地よく暮らしたい。

Case2

金曜の夜、友だちのクロ太郎といっしょに食事をしようと待ちあわせたが、30分過ぎて「急な仕事がはいって行けなくなった。ゴメン」というメールが来た。

▼三人称メッセージ

クロ太郎は私を傷つけた。

クロ太郎はなぜ平気で約束を破れるのだろう?

クロ太郎は時間どおりに来るべきだ。

クロ太郎のせいで週末の気分が最悪だ。

クロ太郎は私より仕事のほうがだいじにちがいない。

◎私メッセージ

私はとてもショックだ。

私はクロ太郎になにかトラブルがあったのかと心配していた。

私はクロ太郎からの連絡を待っていた。

私はクロ太郎と無理な約束はしたくなかった。

私はクロ太郎と食事をすることを楽しみにしていた。

●あなたも出来事を、三人称メッセージから私メッセージに書き換えてみましょう。

出来事

(　　　　　　　　　　　　　　　　　　　　　　　　　　　　　　)

▼三人称メッセージ

(　　　　　　　　　　　　　　　　　　　　　　　　　　　　　　)

(　　　　　　　　　　　　　　　　　　　　　　　　　　　　　　)

◎私メッセージ

(　　　　　　　　　　　　　　　　　　　　　　　　　　　　　　)

(　　　　　　　　　　　　　　　　　　　　　　　　　　　　　　)

アサーティブのツボ

情緒のコール&レスポンス

●コミュニケーションがなぜねじれるのか

ありのままの自分の気持ちを読みとり、認めて、表現する力を「エモーショナル・リテラシー」と呼びます。「メディア・リテラシー」が外側の情報を読み解く力ならば、「エモーショナル・リテラシー」とは、感情や思考や自分の内側の情報を読み解く力であり、コミュニケーションやこころの健康の基盤となります。

私たちはそれをこれまでの人間関係から学んできました。

とくに子ども時代には周囲の大人の仕草や言動から学びます。

もしも、その大人たちのエモーショナル・リテラシーが未成熟であれば、虐待や暴力という機能不全な言動によって、子どもたちはエモーショナル・リテラシーを学ぶ機会を失います。

人間関係で私たちが傷ついたり恐れるものは、感情そのものではなく、その表現の仕方や伝え方なのですが、エモーショナル・リテラシーが育たなければ、感情そのものから目を背けることでしか対処できなくなります。

つらい、かなしい、さびしい……、さまざまな感情を「ないもの」として、無意識のうちに自分をいつわることを感情否認といいますが、自分につくウソには、つぎのようないくつかのパターンがあります。

一般化モード　主語を不特定多数にするほど、自分の気持ちから遠くなる
「最近の若者は……」「日本人は……」「世間じゃ……」

屁理屈・小理屈モード　自分の気持ちから目をそらすための理由づけ・合理化
「忙しいから……」「あいつが悪いから……」（←理由はなんでもあり）

いじけモード　できないフリ、悲劇のヒロイン・ヒーローのフリ、だだっ子のフリをする

「どうせ私なんかバカですから……」

悪意読みモード　自分の気持ちを感じるかわりに相手から悪意を読みとる

「みんな馬鹿にしているにちがいない……」

拡大・縮小モード　実態以上か実態以下にするとリアルな気持ちは遠くなる

「あなたに比べたら大したことありません」

からみ攻撃モード　威嚇《いかく》したりからむことで、自分の感情をぶつけたり垂れ流す

「あんたになんかわかるものか！」

これらのパターンは「キレる」「タメる」「コモる」ステップによって増幅されます。

このようにして思ってもいないことを言ったりやったりすることで、コミュニケーションはどんどんねじれていきます。

それにもかかわらず、「ほんとうのことを言ったら、関係は壊れてしまう」という思いこみに縛られていると、傷つく関係をくり返すばかりで、しだいに自己信頼を失うという悪循環に陥ります。

そこから自分を解放するには、エモーショナル・リテラシーを回復することが必要なのです。

●歌うエンパワーメント

ティーンズポストには、さまざまなプログラムがあるのですが、そのひとつ、ゴスペル・ワークショップでは、仲間とともに歌いながら自己信頼とエモーショナル・リテラシーを回復していきます。

ハーモニーをつくるには、自分の声に耳をすませながら相手の声に耳をすませることが必要です。相手の声に反応しつつ、自分の声を返し、アイコンタクトや仕草でこころを通わせ、こころを添わせるとき、美しい響きが生まれます。

ゴスペルをはじめ、世界の歌の多くは「コール&レスポンス」というかけあいから生まれています。一人の呼びかけに耳をすませ、感じとり、それにたいしてこたえる声が返され、その響きあいが歌になっていく。それは、機

能的なコミュニケーションの原型です。

アサーティブネスは、米国の公民権運動の非暴力トレーニングの理念の流れをくんで誕生したものですが、その指導者マーチン・ルーサー・キングはインドのガンジーの非暴力主義に影響を受けています。キング牧師の著書『黒人はなぜ待てないか』のなかには、黒人の権利擁護のために仲間を集め、恐れに恐れで向かわず、憎しみに憎しみを返さず、抑圧者の挑発に乗ることなく、自尊心のみを盾に行進する非暴力トレーニングの様子が記されています。

その行進は、何百年も歌いつがれてきた抑圧と支配からの解放の歌をうたうゴスペル・シンガーが先頭に立ったという、シンギング・ムーヴメントでもありました。その精神はR&B《リズムブルース》、ジャズ、ロックを通じて、今日ではヒップホップといった新しい世代の音楽へと融合を果たしています。

また、当時のエンパワーメントの一つとして生まれたアサーティブネスは、女性、障がい者、マイノリティの権利擁護運動、非暴力平和運動へと受けつがれます。そしてその後、いじめ・虐待・ＤＶという関係性の病や、ウツ・依存症といった近代文明の病からの予防と回復という精神保健の分野へ裾野を広げていきます。

その流れは、抑圧された感情を解放し自分を慈《いつく》しむことから、自分も他者もあやめることのない世界、あらゆるちがいを超えて人と人とが情緒を交流していく共生を、求めつづけています。

●感情とのコール&レスポンス

英語で「責任」を意味するResponsibility《レスポンシビリティ》ということばは、「Response《レスポンス》する能力」、つまり、「応答する力、応えていく力」なのだそうです。

エモーショナル・リテラシーが損なわれると、この誠実に応える力がなくなります。

個々の感性を切り捨てたところで使われる「団体責任」とか「自己責任」という日本語は、ことばのアビュース（虐待）にもなりますが、自分の気持ちを読みとり、認め、表現し、どんな人間関係をつくり、どんな人生を描くのか、自分の感情生活に〝責任〟をもつとき、精神的な自立が果たせます。

感情という、からだからわき出るメッセージを意志の力で変えることはできなくても、感情を認めれば、どんなステップで表現するかを選ぶことができます。

そのために、まずは自分自身の感情と豊かにコール&レスポンスしていきましょう。表現には人のこころをゆたかにするものもあれば、暴力やいじめや戦争や人のこころを貧しくするものもあります。

ゆたかな表現は関係をつむぎます。貧しい表現は関係を分断します。

どのような表現ステップを選択するかによって、コミュニケーションは変わります。

つぎの章からは、自分の人生をより豊かに生きるために、認めた気持ちをどう表現するのか、一緒に学んでいきましょう。

頼むこと

第 4 日

人になにかを頼むことで、 人と関係がまずくなったり、
自分でイヤな気持ちになったりしていませんか?
頼みたいのに頼めなくて悩んでいないですか?
アサーティブな頼み方について学んでみましょう。

◇　　月　　日

クロの絵本 4

くれないワールド

わかってくれない

認めてくれない

ゾロゾロ…
ゾロ…
ゾロ…
ゾロゾロ…

くれない
くれない
くれな
くれない
くれない
くれない
くれな
はっきり言ってくれない!

くれないワールド
くれない
くれない
くれない
くれない
くれない

つぶやきログ 4

自立と孤立

自立って、なんだろう。

人に迷惑かけないこと？
いつも頑張りつづけること？
なんでも一人できちんとできるようになること？
自分でできることは自分ですること？

そういう自立を求めていたら、
人にヘルプを求められなくなった。
一人で抱えこんで、だれにも頼めなくなった。

自分でできるようになるほど、不自由になった。
人と一緒に生きられなくなった。

それは、自立じゃない。
それじゃあ、孤立だ。

できることもできないことも

一人でできることがよいこと？
できないことは悪いこと？
自分でできることを頼むのはズルいこと？
自分でできないことを頼むのは申し訳ないこと？

「できる」「できない」のモノサシではかると、
なにを頼むのもこわくなった。

「できる」「できない」にとらわれていたら、
人と一緒に生きられない。
ひとりぼっちになった。

自分でできることもできないことも
人に頼むことができるんだ。
それが自立だよ。

くれないモード

なんでも一人でやろうとしたら、
人に頼むことを忘れてしまった。
頼みたいことをことばにしないでいたら、
気持ちが胸につまってしまった。

〈どうして、わかってくれないのだろう？〉
〈ちっとも、わかってくれない〉
〈ぜんぜん、わかってくれない〉

私は気持ちをあらわさないかわりに、
相手を自分の思いどおりにしようとした。
思いどおりにならないことを相手のせいにした。

〈くれない〉〈くれない〉〈くれない〉……
くれないモードでコミュニケーションしたら、
だれにも歩みよれなくなった。

人をつなげる力

頼むことは、日々のくらしのなかにたくさんある。

人に道を尋ねるのも、頼むこと。
美容院で髪型を伝えるのも、頼むこと。
レストランで注文するのも、頼むこと。
食事に誘うのも、頼むこと。
待ちあわせの時間を伝えるのも、頼むこと。
わからないことを教えてもらうのも、頼むこと。
約束を変更するのも、頼むこと。
甘えることも、助けを求めることも、頼むこと。

思いきって頼んでみたら、
人と一緒に生きることができる。
私は自立の一歩を踏みだした。
新しい道が見えてきた。

自己理解ワーク

●自分とおしゃべりしてみよう

♥　だれかになにかを頼んだときのことをふり返ってみよう。

♡　ファミレスのウェイターさんにコーヒーのおかわりを頼んだときのことを思いだした。

♥　そのときなんて言って頼んだ？

♡　「コーヒーないんですけど！」。

♥　そのときに使ったステップはなに？

♡　ギャオス（キレるステップ）かな。

♥　言葉以外（しぐさ、まなざし、姿勢、声のトーン、表情）はどうだった？

♡　相手をにらんだあと、目をそらした。声はテンションの高い大きな声。

♥　頼みたいことがあるのに頼めないときは、どんな気持ちが胸に詰まっているだろう。ストッパーになっている気持ちを言葉にしてみて。

♡　「コーヒーおかわり自由だからって、2杯目はいいけど、3杯目は言いにくい」って思ってた。

♥　あとでどんな気分になった？

♡　むなしいという気分になった。

♥　相手に気持ちが伝わってないんじゃない？

♡　そう。本当に伝えたかったのは、「コーヒーをおかわりしたい。コーヒーをカップに入れてほしい」ということ。

♥　こういうとき陥りやすいパターンがあるんじゃない？　ほかの人とでもおなじようなことがない？

♡　私が陥りやすいパターンは「上から相手を責めるパターン」かも。

♥　では、アサーティブ・ステップを使うために、できることはなんだろう。

♡　私にできることは「相手に声をかけて呼ぶ。相手の顔を見て話す」かな。

♥　最後に、なにか発見したことまとめてみよう。

♡　私は言いづらいことを頼むときにかぎって、強く出て高飛車になる自分に気がついた。

●対話を参考にあなたも書いてみましょう。

私が相手（　　　　）に頼みたいことは（　　　　　　　　　　　　　　）です。

私が相手に言った言葉は「　　　　　　　　　　　　　　　　　　　　」です。

そのときに使った私のステップは（　　　　　　　　　　　　　　　　）です。

そのときの非言語メッセージ（しぐさ、まなざし、姿勢、声のトーン、表情）は？
（　　　　　　　　　　　　　　　　　　　　　　　　　　　　　　　）

頼むことのストッパーとなっている私の思いは
（　　　　　　　　　　　　　　　　　　　　　　　　　　　　　）です。

あとで私は（　　　　　　　　　　　　　　　　）という気分になりました。

私が相手に伝えてない気持ちは（　　　　　　　　　　　　　　　　）です。

私が陥りやすいパターンは（　　　　　　　　　　　　　　　　　　）です。

アサーティブ・ステップを使うために、私にできることは
（　　　　　　　　　　　　　　　　　　　　　　　　　　　　　）です。

★★発見したこと

アサーティブ実践レッスン・頼む編

●頼むためのアサーティブ・ステップ
頼むための表現の仕方をまとめてみましょう。

1. 頼みたい自分の気持ちを受け止める

相手になにを頼みたいのか、自分の気持ちに耳をすませて認めてみましょう。自分の気持ちがわからないときには、相手に頼むことができません。
書くことで自分の気持ちを認めてみましょう。

「私は○○さんに明日しめ切りの仕事を手伝ってもらいたい」

2. 相手の名前を呼び、声をかける

これから頼みますよ、という気持ちをこめて、相手の名前を呼び、こちらに意識を向けてもらいましょう。他のことに意識がいっているときや、後ろ向きで背を向けているときには、ことばが届きません。

「ねえ、○○さん、お願いがあるんだけど」

3. 率直にシンプルなことばでくり返し伝える

どんなに複雑な状況でも、頼みたい気持ちはシンプルなことばであらわすことができます。わかりやすいことばで、相手の心にくり返し届けてみましょう。

「～したいです」「～してほしいです」「～してください」

4. 気持ちをつけ加える

胸につかえる気持ちを、ネガティブなものもポジティブなものもそっととり出してことばにすることで、リラックスして頼むことができます。

「助けてもらえるとうれしいです」「とても困っているのです」

5. 別の可能性を考える

相手が応じられないときには、選択肢を広げることもできます。

「じゃあ、○○だったらお願いできる？」「今度またお願いします」

4つの自己表現ステップ・頼む編

コーヒーを買ってきてもらおうと思います。
買い物の依頼を４つのステップで自己表現してみると……。

Aggressive
キレるステップ「ギャオス」

ほら、これで買ってこいよ。
いつもの缶コーヒー。
（と、小銭を手渡す）

Passive
タメるステップ「オドオド」

あの……ごめん、
図々しいと思うでしょうけど、
缶コーヒー、私のぶんも
いいですか？　すみません。

ほら、いつもぼくが買いに
行ってる、缶コーヒー。
めんどうなら、べつに
いいよ……。
（と自分で
買いにいく）

Passive-Aggressive
コモるステップ「ムッツリ」

……さん、缶コーヒーを
買ってきてほしい。
缶コーヒーをひとつ
お願いできたらうれ
しい。コーヒーが
飲みたいんだ。

Assertive
しなやかステップ「アサーティブ」

アサーティブのツボ 4

頼むことを阻止するナルシシズム

●頼むことは、信頼を育てるチャンス

はじめてアサーティブ・トレーニングに参加した人から、「私は人にものを頼んでいないことに気づきました」という感想をいただくことがあります。

頼むというのは自分の弱さもふくめて自分の状況を開示することですから、〈このくらい一人でなんとかできる〉とか〈お金ですませればいい〉なんて考えていると、頼む機会は少なくなるかもしれません。そのせいか、お金に不自由せず、身体も丈夫だと、えてして頼むことが上達しません。しかも、なんでも一人でやり遂げようと自己完結を目指すほど、安心できる人間関係は育ちません。

頼むことは、相手を思いどおりにすることではありません。頼むことは、自分がヘルプを求めることで、相手とつながる機会をつくることです。

もちろん、相手はあなたの頼みに応えられないこともあります。断ることもあります。それでも、頼まれたことにたいして断ることができる関係であれば、頼まれること自体が嫌だということはありません。

もし、相手が断ったとしても、自分の気持ちと相手の気持ちを認めて、歩み寄ることで選択肢を広げることができます。思いどおりにならないときほど、気持ちを伝えれば、新しい情報や新しい道が見えてきます。

アサーティブな頼み方とは、相手を思いどおりに従わせることではなく、むしろ断りたいときにはシンプルに断れる頼み方です。だから、おたがいに後に引く必要がないのです。

●相手がどう思うか、ばかり気になる

一方で支配と服従の関係のなかでは、コミュニケーションを「白か黒か」の思考でとらえがちです。対話はいつのまにか、勝ち負けのパワーゲームとなって、依存的な関係が生まれます。

とくに「ことばにしない気持ちも察して行動しなさい」という無言の要求を受けたときに、支配する相手の要求に見あう行動がとれないと、服従するがわは「察しが悪い」「気がきかない」と非難を受けたり、自分自身を責めることがあります。

コミュニケーションは読心術ではありません。相手の気持ちを想像することはできますが、それは聞いてみなければわかりません。相手の気持ちは相手のことばに耳をすませてはじめてわかることです。

〈人の気持ちは察することができる〉と思いこむと、アタマのなかであれこれ考える時間は増えても、ことばのやりとりは少なくなります。

また、ことばで頼まれていないことを断ることはむずかしいことです。

こうして、〈相手がどう思っているか〉と察することで、かえってことばによるコミュニケーションは失われ、相手への想像力もしぼみ、気を使えば使うほど、自分がどう思われるかにとらわれていきます。

私たちは自分の内側から生まれる感覚を中心に物事を考え、そのうえで自分と他者のちがいを見きわめ、他者を想像し、世界を認識します。自分を中心に物事を考えはじめるからといって「自己中心的」なわけではありません。むしろ「自己中心的」とは、自分の感覚をないものとし、自分が相手にどう思われるか、相手の感覚を鏡にして自分の姿を映そうとするナルシシズム（自己愛）のことです。

●相手に悪く思われたくない……

たとえば、職場で自分の担当する仕事が滞ってしまったとき、その仕事を無事完了するには、同僚や上司に話して緊急に手助けを頼む必要があります。同僚や上司は現在ほかの仕事で手一杯の状況です。仕事の期日は刻一刻と迫っています。

そのような場合、あなたはどうしますか？

1　ただちに同僚や上司に状況を話して助けを求める。
2　周囲の様子をうかがい、「忙しいのに悪いから」と、そのまま黙っている。

もし、2の状況のまま言いだしかねるとすれば、その後のてん末はどうなるでしょうか？　それを想像できる人ならば、勇気を出して1の行動をとることでしょうが、他人に自分がどう思われるかにとらわれると、相手の心情や状況を想像する余裕はなくなります。

仕事はますます遅れ、職場は混乱し、たいへんな状況になる……なんて、思いもしないということです。

自分がどう思われるかを第一に考えるとき、相手にたいしても、仕事にたいしても、「情《じょう》」はなくなります。情というのは、怒りだろうと悲しみだろうと、血の通った温かさをもっています。情がないということは、品性やモラルも失うということです。

つねにまわりに気を使い、ひじょうに生真面目な人物が、自分さえよければ知ったこっちゃないという信じられないような言動をとる背景にも、ナルシシズムは潜《ひそ》んでいます。

相手に悪く思われたくないと、相手を自分の姿を映す鏡にして、それを価値基準にするとき、その相手は、存在しなくなるからです。

もし、あなたの周辺で、なんだかわからないけれど、息苦しくこじれている関係があるとしたら、アサーティブ・ステップを使って、小さなことでも意識して相手に頼むことから、こじれた関係をほどいていきませんか。

ことばのやりとりを回復するにつれ、情緒、信頼、想像力という潤滑油も注がれて、ぎくしゃくしていたコミュニケーションの歯車が機能的に回りはじめることでしょう。

【発展ワーク】

これまで、あなたが相手の気持ちを察したときに、自分の思いが実際の相手の気持ちとは違っていたときのことを思い起こしてみましょう。

そのとき、相手との関係でどんなことが起こりましたか。

「察すること」と「想像すること」、その二つにはどんなちがいがあるでしょうか。

NOと言うこと

第 5 日

なにかを断わったら人に嫌われる、
怒らせるんじゃないか。
そう思って無理をしたり、
ウソを言ってますます面倒なことになったり……。
きょうはアサーティブなNOの言い方について学んでみましょう。

◇　　月　　日

クロの絵本 5

NOを認めて、リアルにいこう!

右にいるクロちゃんは
自分の気持ちを認められない。
NOを伝えることがむずかしい。
そのときからだはどんな感じ？

肩や首筋が固くはっている。
呼吸が浅くなっている。

なにを一番大切に考えている？
なにを恐れている？
選択したり、決定するときに、
なにを手がかりにしている？

人からどう見られるかを気にしている。
まちがえることを恐れている。
自分を大切にしたら
自分がダメになってしまうと思っている。
まわりの人の表情を手がかりにしている。

このクロちゃんを見てどう感じる？
このクロちゃんになんて声をかけてあげたい？

よくやってきたね。
「イエス」「ノー」自分の気持ちを認めてOKよ。
まちがえても、失敗してもやり直せるよ。
考えは変えることもできる。
自分の気持ちに耳を傾けていいんだよ。

**ゆっくり息を吸って、
深呼吸しよう。
リラックス、リラックス……。**

左にいるクロちゃんは
NOという気持ちを認めた。
たとえことばに出さなくても
自分の気持ちに味方できた。
そのときからだはどんな感じ？

自然体で落ち着いている。
呼吸がゆったり深くなった。

なにを一番大切に考えている？
好きなものはなあに？
選択したり、決定するときに、
なにを手がかりにしている？

自分の気持ちを大切にしている。
自分とおしゃべりする時間が好き。
泣いてもいい、笑ってもいい、
おこってもいい、ぼーっとしてもいい、
楽しんでいい、ムリしなくていい。
自分の持ち味を思いきり生かしていい。
自分の気持ちを手がかりに選択し、決定する。

いつだって、クロちゃんはここにもどれる。
だれと一緒にいても自分が自分でいられる。
クロちゃんはクロちゃんを信じているから。

つぶやきログ 5

NOと言うことは、いけないこと?

ずいぶん長い間信じてきた〈思いこみ〉

〈NOと言うことは、いけないこと〉
〈NOと言うことは、相手を拒絶すること〉
〈NOと言うことは、相手を傷つけること〉
〈NOと言うことは、相手を責めること〉

〈できるだけNOと言わないようにすることがいいこと〉
〈だれかに好かれようと思ったら、
NOと言ってはいけない〉
〈だれかに好かれたら、NOと言ってはいけない〉

そういう〈思いこみ〉に縛られていたら、
自分の気持ちがわからなくなった。
相手にかかわることがこわくなった。
関係はどんどん息苦しくなった。

NOというからだのメッセージ

本当はNOなのに、YESと言ったら、
からだは正直にNOを伝えた。

モジモジしたり、ウジウジしたり、
目をあわせられなかったり、
からだが重くて動かなかったり、
約束に遅れたり、頭痛や腹痛がしたり、

相手は混乱し、誤解や不安が生まれた。
どこまでが自分で、
どこまでが相手かわからなくなった。
私は後悔したり、罪悪感を抱く。

なにひとついいことないのに、
それでもNOと言えなかったのは、
NOと言うステップを知らなかったからなんだ。

NOと言うことは心地よい距離をとること

なにが心地よくて、なにが居心地悪いのか、
そのモノサシは一人ひとりちがう。
正解もなければ、不正解もない。
テストの◯と×とはちがう。

NOと言うことは、
「あなたは悪い」と評価することじゃない。
「あなたは誤っている」と批判することじゃない。

自分の気持ちをおさえたまま、
YES・YES・YES……だけで近づいたら、
自分も相手も見失う。

そんなとき、NOという感情は、
〈ムリしなくていいよ。心地よい距離をとろう〉という
からだからのメッセージなんだ。

安心できる関係をつくるなら

NOは安全な距離をとるために大切なこと。
相手にとっても、私にとっても。
距離をとることは大切な関係のつくり方。

相手と仲よくすることは、
相手のいいなりになることじゃない。
相手を思いどおりにすることでもない。

ムリをしても、心地よい関係は生まれない。
私のムリは、相手のムリ。
相手のムリは、私のムリ。

安心できる関係をつくろうとしたら、
NOと言うことが必要なんだ。

好きという気持ちとNOという気持ちを、
同時に伝えることだってできる。

ちがいを認めあう

NOと言うことを認める関係は、
人と人とのちがいを認める関係。
すべて同じじゃなくても認めあえる関係。

仲よくすることは、同じになることじゃない。
一人ひとりのちがいを認めたら、
こころを許したり、信じあうことができた。

NOと言うことは対立し、決裂することじゃない。
勝ち負けを争うことのはじまりじゃない。
NOと言うことで、対話がはじまる。
歩み寄るために、ことばがある。

たとえすぐにことばに出せなくても、
私はNOという自分の気持ちを自分で認めてみる。
私は人と人とのちがいを認める勇気をもった。

自己理解ワーク

●自分とおしゃべりしてみよう

♥　だれかにＮＯって言ったときのことをふり返ってみよう。

♡　友だちの「明日、映画を見に行こうよ」という誘いを断わった。

♥　そのときなんて言って断わった？

♡　「えっ、うーん……いいけど、でもお金ないし……」。

♥　そのときに使ったステップはなにステップだろう。

♡　オドオド（タメるステップ）かな。

♥　言葉以外（しぐさ、まなざし、姿勢、声のトーン、表情）はどうだった？

♡　伏し目がちで、小さな声。猫背になってた。

♥　うまくＮＯが言えなかったとき、ストッパーになっている気持ちを言葉にしてみよう。

♡　「友だちがせっかく誘ってくれたのに、断ったら悪い」って思ってた。

♥　あとでどんな気分になった？

♡　自己嫌悪という気分になった。

♥　相手に気持ちが伝わったかな？

♡　ううん。本当に伝えたかったのは、「明日は、行けない。せっかくだけど、無理だ」ということ。

♥　こういうとき陥りやすいパターンは？　ほかの人とでもおなじようなことがない？

♡　私が陥りやすいパターンは「相手の期待に無理して自分をあわせるパターン」かも。

♥　では、アサーティブ・ステップを使うために、できることはなんだろう。

♡　私にできることは「相手の期待にあわせようとするのではなく、相手の気持ちを聞いてみる。自分のムリはしない」かな。

♥　最後に、なにか発見したことをまとめてみよう。

♡　ＮＯを伝えるかわりに、「いいけど……」とか、「お金がないし……」とウソをついていたことに気がついた。

●**対話を参考にあなたも書いてみましょう。**

私がＮＯと伝えたいことは、相手（　　　　　　　）の（　　　　　　　）という頼み（要求・誘い）です。

私が相手に言った言葉は「　　　　　　　　　　」です。

そのときに使った私のステップは（　　　　　　　　）です。

そのときの非言語メッセージ（しぐさ、まなざし、姿勢、声のトーン、表情）は？
（　　　　　　　　　　　　　　　　）

ＮＯと言うことのストッパーになっている私の思いは
（　　　　　　　　　　　　　　）です。

あとで私は（　　　　　　　　）という気分になりました。

私が相手に伝えていない気持ちは（　　　　　　　　）です。

私が陥りやすいパターンは（　　　　　　　　　）です。

アサーティブ・ステップを使うために、私にできることは
（　　　　　　　　　　　　　　）です。

★★**発見したこと**

アサーティブ実践レッスン・断わる編

●NOを伝えるためのアサーティブ・ステップ
NOを伝えるための表現の仕方をまとめてみましょう。

1. 相手の状況（頼み・要求）を確認する

相手がなにを頼みたいのか、相手の気持ちに耳をすませて確認します。とくに相手の真意があいまいなときや、聞き取りづらいときには、自分の思いこみではなく、相手に問いなおして確認をしましょう。

「あなたは私に○○することを頼みたいのですね」

2. 率直にシンプルなことばでくり返し伝える

シンプルなわかりやすいことばで、相手のこころにくり返し届けてみましょう。
NOと言いにくいときには、理由をあれこれつけるよりも、ことばのクッションを使いながら、シンプルなわかりやすいことばで、くり返し、伝えます。

「～できません」
「～したくないです」
「いいえ、けっこうです」
「いいえ、無理です」

【ことばのクッション】
「残念だけど……」
「せっかくですが……」
「ありがたいお話ですが……」

3. NOと言うことのストッパーになっている気持ちをつけ加える

胸につかえる気持ちをそっととり出してことばにすることで、リラックスすることができます。〈断るのがつらい〉〈残念だ〉という気持ちのほかに、〈（頼んでくれて）うれしい〉〈ありがとう〉という肯定的な気持ちがストッパーになることもあります。いずれも、断ったあとでつけ加えることができます。

「誘ってくれてうれしかったよ。ありがとう」

4. 別の可能性を考える

道はふたつにひとつではなく、いろいろあります。

「明日はダメなの。来週行くのはどう？」

4つの自己表現ステップ・断わる編

「今晩、一緒にライブに行かない？」と誘われました。
行けない断わりを４つのステップで自己表現してみると……。

Aggressive
キレるステップ「ギャオス」

急に言わないで、人の都合も考えてよ。だれか別の人と行ったらどう？　○○とか××とか、いろいろいるだろ。

Passive
タメるステップ「オドオド」

あのー、あのさー、明日は……仕事がどうしても休めなくて、風邪気味で……
それに、私なんかと一緒でいいの？

それどころじゃない。メチャメチャ忙しいんだ。仕事が山のようにあってさ。
ハー。（深いため息）

Passive-Aggressive
コモるステップ「ムッツリ」

私をライブに誘ってくれるの？私は行けないな。せっかくだけど、今晩は行けない。でも、また今度誘ってよ。

Assertive
しなやかステップ「アサーティブ」

アサーティブのツボ 5

NOを伝えることで安心な距離が生まれる

●本当はNOと言いたい

NOを伝えることが苦手という人は、年齢・性別・地域を問わず年々増えていますが、NOを伝えるよりまえに、自分のNOを認めることができないという傾向が強くなっているように思えます。

第2章の感情タロットを思いだしてほしいのですが、NOとは人と人とのちがいを認め、距離をとる感情です。

NOが伝えづらいというのは、足並み揃える同質化を求められる環境や、適度な距離がとりがたい環境が増えているということかもしれません。

そういう環境では、自分一人の力ではどうにもならないという無力感に陥ることがあるでしょう。あるいは、みんなで足並み揃えれば揃えるほど、一人ひとりが孤立感を味わうことでしょう。それは、暴力やいじめの温床となる病んだ環境です。

しかし、アサーティブなコミュニケーションは、どんなに困難な状況でも、自分一人からはじめることができます。一人からはじめたとしても、しだいに共感しあえる仲間を見いだしていけるでしょう。

NOを伝えることは簡単なことではないですが、むずかしいからといって、できないわけではありません。むずかしいことに挑むときには、一番やりやすいと思えることからはじめてみましょう。つまり、簡単なことがらからNOを伝えていくのです。

●相手の気持ちを受けとめてからNOを言う

まず、NOを伝えるポイントとして、安心できる関係をつくろうと思ったら、「キャッチ＆ノー」。相手の気持ちをまず確認して、キャッチしてみましょう。相手の気持ちを受けとめて確認したうえで、落ち着いてNOと言うことができます。相手の気持ちをキャッチすることは、相手の思いどおりに行動することではありません。

ＮＯと言うことは相手の気持ちを拒絶することではなく、相手とのあいだにムリのない安心できる距離をつくることです。だから、親しい関係をつくるときには、相手の気持ちを受けとめると同時に、ＮＯという自分の気持ちを伝えていきます。

トリ「明日、映画に行こうよ」
クロ「えっ、明日映画に誘ってくれているの」
トリ「うん、そう」
クロ「せっかくだけど。行けないわ。明日は無理だ」
トリ「そう、じゃあ、またね」

●いつわりの理由や言い訳はこじれる

〈ノーと言ったら、相手は不愉快だろう〉と相手の反応を察して気持ちを押しこめ、気持ちをいつわるときには、気持ちのやりとりができません。関係はどこかムリが生じます。そういうときには、相手を思いやっているようでいて、じつは自分が相手からどう見られるかを気にしていることでしょう。それは４日目でもお話ししたナルシシズムです。相手に気を使えば使うほど、相手の気持ちに鈍感になり、思わぬディスコミュニケーションを生みます。

断るために理由をつくる必要はありません。

断るためには理由がいると思いこむと、理由の説明に終始して、断ったつもりでも、相手には明確に伝わりにくくなります。

トリ「明日、映画に行こうよ」
クロ「仕事が終わらないんだよ。
　ここんとこ体調も悪いし……」
トリ「そんなこと言わないでさあ、行こうよ」

しかも、親戚を病気にしたり、仕事のせいにしたりと、いつわりの理由をくり返していくと、その関係はどんどんこじれていきます。

大事なことなのでくり返しますが、断るために理由を探す必要はありません。アサーティブネスでは、断るためのいつわりの理由を考えるよりも、シンプルに誠実にＮＯという気持ちを相手に伝えます。そうして、ＮＯという気持ちを伝えることで相手と関係をつくっていきます。

●時間をおく、立ち去る、ヘルプを求める

もし、すぐに気持ちが決められないときには、「すぐに答えられないので、しばらく時間がほしい」「あなたの気持ちをもう少しくわしく聞かせてほしい」と猶予を設けることができます。もちろん、それは選択するための時間をとることであって、際限のない先のばしやその場しのぎではありません。

一方、安心できない関係で、身の危険を感じる場合や、相手が強引で有無を言わせない場合には、その場を離れることが確実なＮＯとなります。ことばが出せない状況であっても、すぐにその場を立ち去り、安全な場所へ逃げます。

そのような状況では、自己信頼とともに「立ち去る」「逃げる」「場を離れる」という行動が大切なアサーティブ・ステップです。

ムリなことはムリ、できないことはできない、と正直に認めて伝えることは、誠実なコミュニケーションです。

【発展ワーク】

1　NOを伝えたあとでひどく罪悪感にとらわれるときには、つぎのようなことばを声に出して自分に言ってあげてください。

「私には、イエスとノーを自分で決めて、話す権利がある」

「私には、ものごとの優先順位を自分で決める権利がある」

「私には、考えを変えて生まれかわる権利がある」

「NOと言う権利」を自分のものにしていくにつれ、相手が「NOと言う権利」も受け入れられます。

2　NOと言うことばにはどんなものがあるか、だれかとおしゃべりしてみましょう。まずは、自分のもつことばの種類を増やしてみましょう。そこから、こころに響くことばを声に出して練習してみるのもいいですね。小さいころに「ごっこ遊び」をしたように、だれかに相手になってもらって、思うようにNOと言えなかった場面を練習してみましょう。

3　日常の人間関係のなかで、〈あー、あの人の断わり方のステップはいいなー〉と思うことがあれば、その人の表現から学んでみましょう。私たちは小さいころには、周囲の大人の口真似からことばとコミュニケーションを覚えました。日常生活で出会うさまざまな人のなかに、あなたのモデルとなるステップを見つけてみてください。

気持ちを伝える

第 6 日

相手のステキなところを発見して
ほめたつもりが、裏目にでたり……。
相手のミスをみつけても
言いだしかねて、流してしまったり……。
人とつながるために気持ちを伝える方法を考えてみましょう。

◇　　月　　日

クロの絵本 6

古着屋へ行こう!

ほんとうの自分をつつみかくす
ディフェンスアイテムを探そう。

●バイオレンス系

おそれや弱さを見せまいとして、相手をおどす。

●マシンガン系

あたりさわりのない
一方的なマシンガントーク。

●アメーバー系

NOと言わず、それでいて
受け入れるわけでもなく、
同化し溶けこむ。

●タメコミ系

いやだ・しんどい・苦しい……。
のみこむけれど、
周囲にドヨーンとした空気が
たちこめている。

●シャットアウト系

一切の感情にシャッターを
おろし、姿を消す。

●パーフェクト系

そつなく完璧なフリ。
本当の自分をおし殺しつづけることで自己イメージが低下して、
いつもムリしてなきゃならない。

●**コントロール系**

自分の欲求を相手に実現して
もらおうとするけど、
思いどおりにならないから、
余計にイライラ・ムカムカ……。

その場はしのげたとしても、
どれも後でやけにみじめな
気分になった。

今日はいい天気だ。
古着の洗濯をしよう。

ずいぶん、
重ね着しちゃったなぁ。

つぶやきログ 6

伝える気持ちいろいろ

困ったとき、不安なとき、
かなしいとき、さびしいとき、
うれしいとき、たのしいとき、
私のこころが動くのは、
フレッシュな気持ちがわき出ているから。

素直な気持ちを手のひらにとって、
じっとながめて、受けいれる。
それを相手に届けてみる。

すぐに相手に届けられなくても、
ディフェンスで包み隠したとしても、
届けたいと思えたときには、
いつだって届けることができる。

気持ちが現実世界に溶けこむとき

素直な気持ちを認めることができないとき、
知らぬまに気持ちは、自分の外に流れだす。
まるで、インクがしみこむように、
現実世界が染まって見える。

相手が笑っているのは、私をバカにしているから。
相手が黙っているのは、私のことが不愉快だから。
相手が私にミスを指摘するのは、私が役立たずだから。

〈バカにするなんて、冷たい！〉
〈不愉快だなんて、あんまりだ！〉
〈役立たずだなんて、ひどい！〉

そんなとき、私が見ているのは現実世界ではなく、
流れでたインクに染まった虚構の世界。

あなたメッセージ

素直な気持ちから目をそらすと、
私の気持ちは私の手からこぼれ落ちる。
私自身に起きていることはすべて相手のせいになる。

〈あなたって、冷たい！〉
〈あなたって、あんまりだ！〉
〈あなたって、ひどい！〉

「あなたが笑ったとき、あなたは怒らせた」
「あなたは黙っていないで、しゃべるべきだ」
「あなたって、いつもそうでしょう」
「あなたって、何度言ったらわかるのかな」

〝あなたメッセージ〟が飛びかうとき、
私のこころも相手のこころも閉じていく。
コミュニケーション、ブ・レ・イ・ク・ダ・ウ・ン。

私メッセージ

〝あなたメッセージ〟に気づいた私は、
アサーティブ・ステップを思いだす。

私の気持ちは私がまず引きうけよう。
〝私メッセージ〟で相手に届けてみよう。
「私は不安だった」
「私は戸惑っている」
「私は恥ずかしかった」
それから、私は相手の気持ちに耳をすませよう。

あなたは、どう思ってた？
私はあなたの気持ちを聴きたい。
私はあなたの気持ちを聴かせてほしい。

〝私メッセージ〟のやりとりは、
私のこころと相手のこころをつなげていく。

自己理解ワーク

●気持ちを伝えるDESC法

バイト先に腹を立てている友人は「３か月たったら時給をあげるといったくせに、いまだに安くこき使われている」と言います。職場の上司には何も言えずにいるというので、まずは気持ちを書くことで整理してみましょう。

Describe　説明　客観的事実の状況説明

いつ、どこでだれが、だれに、どうした、と具体的に説明します。
「３か月たったら時給をあげるといったくせに、いまだに安くこき使われている」という友人の言い分にはネガティブな“心のインク”が溶けこんでいます。

ネガティブな感情を押し込めていると、現実がモノトーンにそまり、「どうどうめぐりのスパイラル」（p.65）や「三人称メッセージ」（p.67）に陥ります。

そこで、できるだけ客観的な事実に書き変えてみましょう。

◎アルバイトを始めた日に、スタッフルームで、店長は私に「３か月たったら、時給をあげます」と言った。３か月後の時給は同じだ。

Express　表現　感情の表現

感情タロット（p.44）を参考にあてはまる感情の言葉をいくつでもシンプルにすくい取り名前をつけてあげましょう。

◎不安、いやだ、腹が立つ、かなしい、疲れた

Suggest　提案　対他欲求～してほしい/対自欲求～したい

提案とは自分の欲求を相手に伝えることです。欲求には、他者に対して求める「～してほしい」という対他欲求と、自分として求める「～したい」という対自欲求があります。他者の行動に対しての欲求の方が認めやすいかもしれませんが、自分の行動としての欲求も一緒に取り出してみましょう。

・対他欲求　採用時の約束どおりにしてほしい。
・対自欲求　私は気持よく安心して働きたい。

Choose　選択肢　かなうならば…／かなわないならば…

アサーティブは相手を思い通りにすることではなく、自分の気持を伝えたうえで、相手の気持をきき、折り合いをつけていく方法です。大切にしたい関係ほど、二者択一ではなくいろいろな選択肢を書き出してみましょう。

◎それがかなうならば、私はうれしい。やりがいがある。

◎それがかなわないならば、残念です。もう一度条件を明確にしてほしい。時給の値上げを申し入れたい。公的な相談機関に相談したい。別の仕事を探したい。待遇を考えてほしい。

この4つのステップの頭文字をとって、DESC法といいます。問題解決をしたり、自分の気持ちを整理したりするために役立つ記述ワークです。書くことで、会話するときに落ち着いて伝えることができます。

●質問にそって書くことで、あなたもDESC法で気持ちを整理してみましょう。

Describe　説明　客観的事実の状況説明

いつ、どこでだれが、だれに、どうした?　できるだけ具体的で客観的に。

Express　表現　感情の表現

そのときあなたが感じた感情は?

Suggest　提案　対他欲求～してほしい/対自欲求～したい

・対他欲求　どうしてほしい?

・対自欲求　どうしたい?

Choose　選択肢　かなうならば・・・／かなわないならば・・・

○もしそれがかなうなら、どうですか?

○もしそれがかなわないなら、どうですか?　どうしたいですか?

＊対他欲求だけで伝えるのと、対自欲求を添えるのでは、どんなちがいがありますか?

＊選択肢が二者択一の場合と多様にある場合では、どんなちがいがありますか?

4つの自己表現ステップ・ネガティブメッセージ編

ネガティブな気持ちを伝えてみましょう。
友だちが待ちあわせから15分すぎても姿を見せません。
そのときの相手へのメッセージを4つのステップで自己表現してみると……。

Aggressive
キレるステップ「ギャオス」

ヒドいよ
何時だと思ってるんだよ?
ドタキャン?

Passive
タメるステップ「オドオド」

ずっと待ってるんだけど
どうしたらいいかな…

もういいよ、
一人で先に行くから

Passive-Aggressive
コモるステップ「ムッツリ」

いま駅にいるよ
早く来てほしい。会いたい
いまどこらへん?

Assertive
しなやかステップ「アサーティブ」

【ワーク】あなたならどういうメッセージを送りますか。
DESC法の1～6にしたがって順番にメッセージにしてみましょう。

4つの自己表現ステップ・ポジティブメッセージ編

ポジティブな気持ちを伝えてみましょう
あなたには職場でよく仕事をする部下がいます。
彼へのほめ言葉を4つのステップで自己表現してみると……。

Aggressive
キレるステップ「ギャオス」

若いのによくやるね!
たいしたもんだ! えらい。
えらい。

Passive
タメるステップ「オドオド」

私なんか、あなたの年齢では、
とてもできなかったけれど、
あなたはすごいなあ。

Passive-Aggressive
コモるステップ「ムッツリ」

他の人に比べると、きみは
ミスが少ないね。
からだが弱そうなのに、
手を抜かずに、
りっぱだ。

Assertive
しなやかステップ「アサーティブ」

昨日あなたは約束の仕事を終わらせたね。
ていねいな仕事で、とても安心だ。
助かっているよ。
いつも、ありがとう。

アサーティブのツボ 6

認めたことは変えていける

●新しいステップを吸収する

A子さんがアサーティブ・トレーニングを受けたきっかけは、これまで何回か転職をくり返したものの、どこの職場でも人間関係がうまくいかなかったからということでした。

職場の上司にも、先輩の女性にも、後輩の男性にも、自分の気持ちが伝えられず、自分ばかりがいつも損しているような気分になって、しだいに頭痛や腹痛や生理痛で会社を休むことが多くなり、自主退職するというパターンをくり返してきたそうです。

しかし、A子さんはこれまでのつらい日々のなかで自分の苦手な場面やパニックる状況をよく分析していたため、アサーティブ・トレーニングのなかで、頼む、断る……と、かつてどうにもならなかった場面を再現し、新しいアサーティブ・ステップを練習していきました。

過去の場面を再現して練習したからといって、過去をやり直せるわけではありません。しかし、似たような状況が起きたときに同じ結末を招きたくなければ,新しいコミュニケーション・ステップを身につけるしかありません。

しかも、新しいステップを身につけると、不思議なことに、それを試すチャンスは驚くほど早くやってきます。

A子さんは正直に自分の古いステップを認め、新しいステップを吸収していきました。そう、認めたことは変えていけるのです。

新しく働きはじめた職場ではじめの雇用条件とちがうことに気づいたときにも、以前なら内心〈ひどい！〉と憤慨《ふんがい》しつつも、解雇されることを恐れてなにも言わずにいたそうですが、アサーティブを学んだA子さんは上司に時間をとってもらって、まえの晩に自宅でＤＥＳＣ法に書き記したことをことばで伝えてみました。上司は「気がつかなかったよ。そうだったんだね」と言って、当初の条件に戻れるように配慮してくれたそうです。

恋人がいるのかどうかと、プライベートなことを根掘り葉掘りきいてくる先輩には、以前は言われっぱなしで圧倒されていたそうですが、アサーティブで頼むことを学んだ翌日、「いまは話せないけど、見守ってくださいね。話題、変えましょうか」と返すことができたということです。

また、「どうやったらいいかわからないんです」と、自分でやってみるまえに依存的に頼ってくる後輩には、自分の仕事を二の次にしても手伝ってあげていたのですが、そのことでいつも残業が増えていました。しかし、ＮＯを伝えることが適度な距離を作ることだと学んでからは､同じような場面で、「いま私は教えることができません。あなた自身でやってみて、わからないところがあったら、そのときにまた聞いてください」と、ＮＯを伝えることができたのだそうです。

はじめはマジックのように思えたA子さんも、実践をつみ重ねるうちに、コミュニケーションスキルを獲得するだけでなく、自己信頼が育っていくことを実感したと、さわやかな表情で報告してくれるのでした。

●自分のいつものパターンからおりる

A子さんはアサーティブな才能が特別にあるのでしょうか？

いいえ、アサーティブネスを身につけるのに特別な才能はいりません。自分のパターンを正直に認め、覚えたことを日常生活のさまざまな場面で行動に移してみる、ほんの少しの勇気と小さな実践がアサーティブネスを確かなものにしていきます。

ですから、苦手な場面、パニックる場面をもっているということは、アサーティブネスを身につけるための恵みになるのです。

ＤＥＳＣ法でトライしてみたように、【いつ】【どこで】【だれが】【だれに】【どうした】という客観的事実からスタートすると、「私メッセージ」がとり出しやすくなります。それは、私の気持ちと事実を分けて認められるからです。

客観的事実は、おたがいの気持ちをやりとりしていくときの土俵となります。

また、客観的事実を伝えることは、自立的な問題解決を導きだしやすくなります。

子どものころ、いまから宿題やろうと思っていたときに、「いつまでもテレビばかり見てないで、早く宿題しなさい」と叱られて、うんざりした経験はありませんか？

「宿題は？」と聞かれたら「いまからやるつもり」と答えるのに、「いつまでもテレビばかり見ている」という思いこみや決めつけからはじめられると、対話の土俵に立てなくなります。こちらもつい「テレビばかり見ているわけじゃない」と返せば、いつのまにか「テレビを見ている」「見てない」という言い争いになり、肝心の宿題のことは見失われてしまうのです。

さらに、「テレビばかり見ているわけじゃない」ということばに、「あなた、よくそんなこと言えるね」と「あなたメッセージ」で返せば、ますます対立や誤解が深まることでしょう。これは気持ちのやりとりではなく、逆ギレの応酬です。

相手が思いこみや決めつけを前提として話しはじめたとき（例：「いつまでもテレビばかり見ている」という決めつけ）には、「それは、ちがいます。事実（私の真意）は……です」（例：いまから宿題をやるつもりだった）と、もう一度、事実を確認し、おたがいがフェアに立てるよう仕切りなおしをしましょう。

相手が混乱しているときには、すぐに仕切りなおしできないかもしれませんが、思いこみや決めつけにたいして逆ギレするのは、おたがいの溝を深めて傷を深くするだけです。いったん土俵から降りて、クールダウンする時間をとりましょう。

●あなたの客観的事実からスタート

また、ほめたり、感謝を伝えたり、ポジティブな気持ちのやりとりでも、基本は同じです。【いつ】【どこで】【だれが】【だれに】【どうした】という客観的事実からスタートすると、「私メッセージ」がとり出しやすくなります。

「若いのにたいしたもんだ」とか、「私なんかできないけど、あなたはすごい」とか、「からだが弱いのに、りっぱだ」というほめられ方をされると、どうでしょうか？

だれかと比較されてほめられるのは、だれかと比較されてけなされるのと同じようにつらいものです。
「子どもなのに、すごい」とか、「女性なのに、えらい」とか、差別感のこめられたことばは居心地が悪いものです。
だれかと比較するのでもなく、条件つきでもなく、ただ私が私として認められ、そこに「ありがとう」「あたたかい感じがするね」「大好きだよ」と感じたままの正直な気持ちが添えられたことばは深くこころに届きます。
さて、さきほどのA子さんですが、ネガティブな気持ちを伝える練習をくり返すうちに、最近では、職場の人に「ありがとう」とか「うれしいです」と、ポジティブな気持ちを伝えられるようになっている自分に気づいたそうです。
そう、アサーティブネスは、いつわることのない正直な気持ちのやりとりを通じて、ポジティブな気持ちをさわやかに伝えあえる関係づくりを目指しています。

【発展ワーク】
あなたがいままで人からほめられたことでこころに残っているのは、いつ、だれからの、どんなことばでしたか？
また、あなたが人からほめられてつらかったのは、いつ、だれからの、どんなことばでしたか？

気持ちを受けとる

第７日

６日目とは逆に、人からミスを指摘されたり、ほめられたとき、
他人の気持ちをアサーティブに受けとめる方法を考えてみましょう。
それはあなたがあなた自身のことを
どう受けとめるかも教えてくれています。

◇　　月　　日

クロの絵本 7

クロちゃんの
こころの天気予報

こころの天気予報をお知らせします。
今日は、晴れときどき曇り、
夕方から雨になるところもあります。
お出かけのときには雨具を
用意してください。

今日は停滞する前線の影響で、
一日どんよりとした不安定な
お天気となるでしょう。

今日は暴風波浪注意報が出ています。
海山は大荒れです。
お出かけのかたは十分注意してください。

今日は大型で並の強さの台風が接近中です。
嵐のまえの静けさです。
夜半から雷雨と暴風が吹き荒れるかもしれません。
安全な距離を確保してください。

今日は昨夜から続いた豪雨がひき続き、
記録的な降水量となります。
河川の氾濫への警戒が必要です。
おぼれない用意をしてください。

今日は南から暖かい空気が流れこみ、
春のひかりが
からだ全体をおおっています。
自分を信じる一日となるでしょう。

いつまでも降りつづく雨はない。

つぶやきログ 7

アサーティブネスしようよ

子どもも、大人も、女も、男も、
泣いたり、笑ったり、怒ったり、よろこんだり、
それぞれの気持ちをもっている。

子どもだからって、大人だからって、
女だからって、男だからって、
感じちゃいけない気持ちなんてなにもない。

だれにも、私のこころは読めないから、
私の気持ちは私がことばにしてみよう。
だれにも、あなたのこころはのぞけないから、
あなたのことばに耳を傾けよう。

私と相手はそれぞれ別々の大切な存在だ。
そう認めたら、気持ちのやりとりがはじまった。
ねぇ、アサーティブネスしようよ。

自由になること

私の気持ちを私が認めて、引きうけて、
自分の気持ちにしたがって決めていけば、
どんな結果も引きうけられる。

失敗から学ぶことができる。
ころんだことが自信につながる。

傷ついたときには、「私はこころが痛い」と言える。
困ったときには、「私は助けてほしい」と言える。
ステキだなと思ったら、「私は好きだ」と言える。

だれの表情をうかがうのでもなく、
だれかと比べるのでもなく、
自分を責めたり、いじめるのでもなく、
私が私でいることをいつくしんだら、
私は私を自由にできる。

受けとる用意をつくる

つめたいことばで自分を責めるとき、
あたたかな人のことばを、受けとることはむずかしい。

私が私を疑うとき、
あたたかな人のことばを、信じることがむずかしい。

もう、私を傷つけるのはやめにしよう。
もう、私を追い立てるのはやめにしよう。

私はほんとうはどう生きたいの？　私は私とどうつきあいたいの？

私は私を信じたい。
私がこころからのぞむことばを声にしてみよう。
素直に受けとる用意をつくろう。

それは、ゆたかな変化を準備する。
いつの日かきっと、変化はやってくる。

アファメーションの種をまく

自己信頼　SELF-ESTEEM。
それは私という存在を支える〝根っこ〟。

大地にしっかり根をおろし、
恵みの水やゆたかな養分をたっぷり吸収する。
雨や風に打たれるときも、
私を支え、私に味方する。

生まれながらにだれもがもっている生きていく力。
もし、その根っこが痛んでいるならば、
小さく縮こまっているならば、
アファメーションという種をまこう。

アサーティブネスが実るように、
信頼のシャワーを私に注ごう。
あたたかいことばのシャワーをあびよう。

アサーティブへの助走

●こころのメガネをかけかえてみる

現実をリアルに認識するには、五感を使って、さまざまな面から眺めることが必要です。一面だけを見て、自分を責めたり、他人のせいにしたり、原因と結果だけを見てプロセスを見失ったりすることは、自分や他者をあやめるアビューズ（虐待）や暴力という、衝動的な行動につながっていきます。

たとえば、自分が楽しんだり遊んでいるときに、「自分だけラクしたり楽しんではいけない」というこころのメッセージを通して現実をみると、楽しむどころか罪悪感や申しわけなさでいっぱいになるでしょう。楽しんでいる人を見るとイライラしたり、うらやんだりするかもしれません。

もちろん、ときには「自分だけラクしたり楽しんではいけない」と自分自身にハッパをかけることもあります。それは、一時的には有効だとしても、そのまま持ちこたえるには限界があります。

だからといって、「自分だけラクして楽しんでいい」と、そのままひっくり返した逆のメッセージでは、どうでしょうか。これもまた、他者や世界とのつながりが断ち切れてしまいそうです。

そこで登場するのがニュートラルという考え方。それは、アクセルからもブレーキからも手を放した中庸《ちゅうよう》の状態です。

ニュートラルな思考からは「私は私が楽しむことで、人とよろこびをわかちあえる」というメッセージが生まれます。

ニュートラルな思考は、アサーティブネスととても仲がいいのです。自分を孤立させることなく、自分自身とのつながりや、世界とのつながりのなかに自分の身を置くことができます。それがアサーティブネスの醍醐味です。

他者から指摘を受けたときにも、他者からほめられたときにも、いずれの場合も、受けとりたいものを受けとり、自分の成長の糧《かて》とすることができるでしょう。

そういう〝情緒的大人力〟をゲットするために、次ページのワークでニュートラルな考え方の練習をしましょう。

自己理解ワーク

左のメッセージは右のメッセージに読みかえられるよ。
あなたも自分自分を縛っているメッセージを書き出して読み替えてみよう。

トリ「クロちゃん、今日は
　イヤな気分なんだね。こころのなかにどんな
　メッセージがあるのかな」
クロ「ムカムカ　イライラ　イジイジ」

●ネガティブシンキング

・自分だけラクしたり楽しんではいけない。
・失敗やまちがいは許されない。
・怒りを表現するのは大人気ない、感情的だ。
・本当の自分は見せてはいけない。
・人に弱みを見せてはならない。
・人を信じたら大変だ。私は人が信じられない。
・私は救いようのないサイテーな人間だ。
・どうせだれもわかってくれない。自分でやるしかない。
・（　　　　　　　　　　　　　　　　　　　　　　　　　　　）
・（　　　　　　　　　　　　　　　　　　　　　　　　　　　）

⇨

トリ「ほら、メッセージが
　変わったよ」
クロ「そうだ！　私は私なんだ！」

●ニュートラルシンキング

・私は私が楽しむことで、人とよろこびをわかちあえる。
・完璧な人間はいない。私はまちがいから学び成長できる。
・私は怒りの表現を洗練することで大人になる。
・私にはいろんな面があり、それを表すことができる。
・私は弱さに共感することで、人とつながれる。
・私は自分を信じ、人を信じることができる。
・私には弱点もあるが、私にできることをすればＯＫだ。
・私は安全な場所でこころを開き、気持ちをわかちあえる。
・（　　　　　　　　　　　　　　　　　　　　　　　　）
・（　　　　　　　　　　　　　　　　　　　　　　　　）

4つの自己表現ステップ・批判を受ける編

批判を受けとってみましょう。
仕事のミスで指摘を受けました。
そのときの相手へのメッセージを４つのステップで自己表現してみると……。

Aggressive
キレるステップ「ギャオス」

あんたこそ、なにやってるんだよ！　あんたがちゃんと教えないからだろ。バカにするな！

Passive
タメるステップ「オドオド」

わからないし、できないし…、なにをやってもダメなんです、私。

私のせいじゃないですよ。いつも私ばかりイヤな思いをして不公平だ。

Passive-Aggressive
コモるステップ「ムッツリ」

あっ、ほんとだ。まちがえちゃった。
教えてくれて、ありがとう。
もう一度やり直してみる。

Assertive
しなやかステップ「アサーティブ」

4つの自己表現ステップ・ほめ言葉を受ける編

ほめ言葉を受けとってみましょう。
おニューのシャツを「似あうね」とほめられました。
そのときの受け答えを４つのステップで自己表現してみると……。

Aggressive
キレるステップ「ギャオス」

あたりまえだろ!
なんか下心でもあるのか?

Passive
タメるステップ「オドオド」

私なんかセンス悪いし、
ぜんぜんダメですよ。

あー、これね、バーゲンで
買ったんだ。安かったから
買っただけ。

Passive-Aggressive
コモるステップ「ムッツリ」

ほめられると、恥ずかしくて、てれちゃうな。
すごく嬉しい。ありがとう。

Assertive
しなやかステップ「アサーティブ」

アサーティブのツボ 7

聴く力、受けとる力

●「思春期の長期化」の背景

コミュニケーション能力とは、「話す力」と同じくらい、あるいはそれ以上に「聴く力」が重要です。つまり、伝えること以上に、受けとることがゆたかなコミュニケーションをつくる鍵なのです。

この「聴く力」は、「話す力」と同じく自己信頼の有無にかかっています。

私たちは誕生と同時に自己信頼をもってこの世に生まれますが、やがて周囲の期待に応えようと「まちがえないように、完璧でなくては」と自分を追いたてるようになります。すると、自己信頼が目減りして、「いつも無理をしていないといけない」という状態に自分を追いつめます。「自分は自分だ」と自己主張する一方、そのままの自分でいることもできない、……これが思春期のジレンマです。

自己信頼がすり減って、自己否定感がふくらんでいくと、感じるべき感情が感じられなくなります。そのことによって、さらに自己信頼がすり減り、自己否定感がふくらむという悪循環にはまります。

こうなると、的確な指摘でもほめことばでも、他人からことばを受けとることがむずかしくなります。

思春期から大人期へかけては、自己信頼を回復していく時代といっていいかもしれません。ただし、「大人とはイヤなことでも我慢して気持ちをぐっとのみこむもの」という誤った大人観が広まるにつれて、最近では「思春期の長期化」現象が浸透しているようです。

大人期とは、ありのままの自分の気持ちを認め、それをどのように表現するか選択し、自己表現を通じて他者や世界とつながっていくプロセスです。

●アサーティブに指摘を受けとる

たとえば、あなたの友だちが「ねえ、ここがまちがっているよ」と、あなたの気づいていないミスをあなたに指摘したとします。アサーティブ・ステップならば、あなたはつぎのように対応できるでしょう。

「あっ、ほんとだ。まちがえた。いやー、恥ずかしいな。教えてくれてありがとう。もう一度やり直してみるよ」

本人が気づかないミスを指摘するというのは、勇気と愛がいるものです。それはアサーティブな贈り物です。そういう友だちからの指摘を受けとることで、成長のチャンスを得るとともに、友だちとの関係もより深まっていくことでしょう。

では、自己信頼がすりへって自己否定感がふくらむと、どんなコミュニケーションになるでしょうか。あなたは友だちのことばよりも、自分のなかのいじめっ子が発する〈まちがえるなんて、私はダメだ〉という自己否定感に反応します。

ギャオス・ステップ

「私がダメだって言うの？　あなただってまちがえるじゃない！」

ムッツリ・ステップ

「私のせいじゃないよ。私ばかりいつも損して不公平だ」

オドオド・ステップ

「……すみません。私ってやっぱりダメ。私がいけないんです」

これらのステップでは、「ねえ、ここがまちがっているよ」という相手のことばではなく、〈まちがえるなんて、私はダメだ〉という自分のなかのいじめっ子のことばに反応しています。自己否定感に圧倒されて、自分と相手を見失っているのです。

これは機能不全なコミュニケーションです。

●機能不全なコミュニケーションへの機能的対処

あなたの目のまえにいる相手がそういう反応を示したとき、あなたが相手の機能不全なコミュニケーションに感応すると、６日目でもお話ししたように、逆ギレの逆ギレという傷つけあう関係に陥ることでしょう。

気持ちをわかちあえない状況や危機感を感じる場面では、まずは安全な距離をとって、すぐには反応せずに、ときには受け流すことも必要です。

６章のＤＥＳＣ法の記述ワークを使って、自分の気持ちを書いて自分の状態を冷静に認めることで、自分を信じる力をとり戻しましょう。

一方、相手の指摘が事実であっても、打ちのめされたり、いまだ癒えていない過去の痛みがぶりかえすことがあります。

これまでのあなたの経験で思いだすことがありますか？

それは、どういうことばでしたか？

痛みを感じることは恥ではありません。痛みを感じないでなんでもないフリをすることが、自分を傷つける恥になります。そういうときには、「私はそのことばがとてもつらかったのです。でも、それはあなたの問題ではなく、私自身の問題なのです」とアサーティブ・ステップで伝えることができます。

そして、かつて傷ついたときの痛みを安全な場所で表現し、少しずつ手放すことで、こころの手あてをしていきましょう。

●アサーティブにほめことばを受けとる

どんなにあたたかなことばを届けられても、それを受けとる用意がないときには、ポジティブなことばも自己否定感に縛られて、相手に突き返してしまうでしょう。前ページのギャオス・オドオド・ムッツリを見てみましょう。相手のほめ言葉を受けとらずにつき返しています。

アサーティブネスは、〈かなしい〉〈つらい〉〈いやだ〉〈腹が立つ〉〈困った〉といったネガティブな感情だけを伝えることが目的ではありません。

私たちは自分の正直な気持ちを誠実にやりとりすることで、より深く他者を理解し、ネガティブな感情を伝えられます。同時に、〈好き〉〈きれい〉〈すてき〉〈楽しい〉〈うれしい〉〈ありがとう〉といったポジティブであたたかなことばをやりとりすることができるようになります。

「受けとる」「もらう」というのは、けして受け身的ではありません。むしろ、主体的な行為です。
「受けとる」人や「もらう」人がいてはじめて、伝えたり、届けることができるのです。そのためにも、自分のなかにポジティブであたたかなことばを受けとる用意をつくっていきましょう。

【発展ワーク】
あなたがいままでの人生でほんとうによくやったと思えるのは、いつごろの、どんなことですか？
それをどのようにしてのりこえることができましたか？
自分の力をこえる出来事、思うようにならない事態に出会ったときに、自己信頼は育ちます。人の助けを借りることで、自己信頼は確かなものになります。

自己信頼は行動によって育まれます。きょう一日の終わりに、自分自身へのプレゼントをしましょう。自分へのプレゼントリストを作ってみましょう。
例：自分の好きな香りのアロマエッセンスを入れたお風呂にゆっくりはいる。
・（　　　　　　　　　　　　　　　　　　　　）
・（　　　　　　　　　　　　　　　　　　　　）
・（　　　　　　　　　　　　　　　　　　　　）
・（　　　　　　　　　　　　　　　　　　　　）
・（　　　　　　　　　　　　　　　　　　　　）

自己理解ワーク

●たいせつな親友へのメッセージ

私自身のなかに「たいせつな親友」をつくるためにメッセージを届けよう。

♥　大切な親友が失敗してとても落ちこんでいるとき、どんな言葉を届けますか？

♡　「あなたが望むかぎり、何度でもやり直せるよ」

あなたも書いてみよう。(　　　　　　　　　　　　　　　　　　　　)

♥　大切な親友が病気になったときに、お見舞いのカードにどんな言葉を書きますか？

♡　「ゆっくり休んで、自分のからだのことを第一に考えてね」

あなたも書いてみよう。(　　　　　　　　　　　　　　　　　　　　)

♥　大切な親友が一生懸命やったことをだれも認めなかったとき、どんな言葉を届けますか？

♡　「あなたがベストを尽くしたことを知っているよ」

あなたも書いてみよう。(　　　　　　　　　　　　　　　　　　　　)

♥　大切な親友が自分の持ち味を十分に生かしたときに、どんな言葉を届けますか？

♡　「あなたはユニークだ。自分の持ち味を十分に生かすことができる」

あなたも書いてみよう。(　　　　　　　　　　　　　　　　　　　　)

どんなときも、いつも私のそばにいる大切な親友とは、私自身です。自分自身に伝えて自分で受けとれることばは、他人にも届けることができます。自分に言えない言葉は、他人にも届きにくいのです。

左に書いたメッセージをもとに、私自身に届けるメッセージに書きかえてみましょう。

「私は私が望むかぎり、何度でもやり直せるよ」

「私はゆっくり休んで、自分のからだのことを第一に考えることができる」

「私は私がベストを尽くしたことをだれよりも一番知っている」

「私はユニークだ。私は自分の持ち味を十分に生かすことができる」

●自分を育てるアファメーション

アファメーションとは、

私を主語にした私へのメッセージ

シンプルで具体的なメッセージ

肯定的で現在形のメッセージ

それは自己否定感をデトックス（毒出し）し、自己信頼を育てていく自分への言葉かけです。

表紙カバー折り返しの「セリフカード」を切り抜いたり、ポストイット（付箋）にオリジナルのメッセージを書いて、吹き出しのなかにはってみましょう。

4つの自己表現ステップ・アファメーション編

アファメーションなことばを受けとってみましょう。
あなたは温かい、励ましのことばをかけられました。
そのときの受け答えを４つのステップで自己表現してみると……。

Aggressive
キレるステップ「ギャオス」

あんた、なに言ってるんだよ。
きれいごとばかり言って。

Passive
タメるステップ「オドオド」

私みたいなのが、とんでもないですよ。そんなこと言われる資格はないです。

いいのかい。
世間じゃ通用しないよ。
時間と労力のムダだよ。

Passive-Aggressive
コモるステップ「ムッツリ」

ちょっと照れちゃうな。温かいことばが
うれしいよ。ありがとう。

Assertive
しなやかステップ「アサーティブ」

●自己信頼を育てよう

「自分の気持ちを押しこめる私はダメだ」

「自立できない私はダメだ」

ウツウツとこもって、自分をいじめて、そんな自己否定感という名の〝毒素〟が積もり積もっていくのは怖いことです。

〝毒素〟が怖いだけでなく、〝毒素〟に依存するのはもっと怖いものです。

そんなときは、自己否定感のデトックス（毒出し）をはじめましょう。

他者とのつながりのなかで生き・生かされている、ひとりぼっちじゃない自分をとり戻しましょう。

自己否定感は際限なく自分自身を追い立てますが、自己信頼は完全でない自分を受け入れていく解毒剤です。

自分を信頼することで、自己否定感という〝毒素〟は溶けて流れていくことでしょう。

アサーティブネスは自己信頼にもとづく自己表現。

そう、アサーティブネスは自己信頼のタマゴであり、自己信頼はアサーティブネスのタマゴです。

アサーティブネスを育てることで自己信頼を育て、自己信頼を育てることでアサーティブネスを育てていきましょう。

TEENSPOSTでは、ホームページ上で日本語と英語のアファメーションを毎日更新しています。ぜひ、アクセスしてみてください。

http://www.teenspost.jp/　（携帯・PC対応）

おわりに

かつて私がアサーティブネスという言葉もその意味も知らなかったティーンエイジャーのころ。ましてや当時、海の向こうの国でそういうものが誕生していたことなど、なに一つ知らなかったころ……。

たとえアサーティブネスという言葉は知らなくても、私は海の向こうから流れてくる歌から、知らぬまにアサーティブネスの精神を学んだと思っています。

どんな圧力やどんな差別やどんな理不尽なことがあっても、自分の言葉で自分の感じたことを表現するとき、私はつぎのことを知りました――悲しみは美しく、怒りはカッコよく、よろこびや楽しさはあらゆる抑圧を解き放ち、すべての感情はこころを震わせ、人と人とをつなぎ、ゆたかな表現は品位と尊厳を持つということを。

いつ、どこにいても、「私は私のままでＯＫよ！」というメッセージは、ティーンエイジャーだった私を、どれほど支え、救ってくれたことでしょう。

アサーティブネスは、1960年代から70年代のアメリカの公民権運動や女性解放運動などの権利擁護から誕生しました。さらにさかのぼること100年まえ、明治時代のはじめに「権利」にあたる「RIGHTS」という英語が日本にはいってきたとき、当時の人は「当然」と訳したそうです。

人として「当然のもの」が当然にならないとき、その「当然のもの」を当然にするためには、自分の言葉で語る自己表現がパワーとなります。

しかし、その「当然のもの」が当然にならないところでは、自己表現することが許されません。それは、上か下か、支配するか服従するか、という非対等な関係です。

勇気を出して自己表現しようとしても、どういうふうに自己表現するのかわからなかったり、それまで抑えてきたものが爆発してしまうことさえあるでしょう。一人の力はとても小さなものに思えるでしょう。

しかし、人として「当然のもの」を回復し、対等な人間関係をつくり出すとき、「アサーティブな自己表現」は私一人からはじめられる非暴力のパワーとなります。アサーティブネスを学ぶことは、私たちが知らぬまに見失った「当然のもの」をとり戻していくエンパワーメント（力づけ）なのです。

いまも私たちの生きる世界には、さまざまな対立や差別や矛盾が存在します。

そのなかで、他者に出会い、コミュニケーションをつむごうとするとき、思いもかけない壁が待っているかもしれません。ままならないこともたくさんあると思います。そんなとき、たとえ、こじれたり、ぶつかったり、ころんだり、つまづいたり、立ちつくしたりしても、アサーティブネスを知っていれば、人と人とのちがいを認め、自分と相手を尊び、いまここから、私から、はじめていけます。

「私は私のままでＯＫよ！」というメッセージとともに、私が悠々と生きていくとき、私のこころのなかでは、かぎりなく多くの他者が、共に生きていくことでしょう。

それは、「自分をいつくしむ」ことで「当然のもの」を当然にしていく、私たちの日々のゆたかな努力にかかっています。

さて、あなたの「7 daysアサーティブ」はいかがでしたか？

これは終わりではなく、新たなはじまりです。

コミュニケーションスキルは、一生を通じて成長していくものです。

あなたのなかのアサーティブネスは、人と人との関係のなかで成長しつづけ、他者へと伝わり、次代へとつながるものです。

この本づくりにかかわってくださったすべてのかたがたへ感謝をこめて

2006年の暑い夏に
八巻香織

【プロフィール】

●八巻香織（やまきかおり）

思春期・家族カウンセラー。特定非営利活動法人 TEENSPOST 代表理事。1992 年開設以来、思春期対象のレターカウンセリング相談室、成人対象の心のケアとコミュニケーションに関する各種プログラムを企画運営。子どもの権利擁護と自立支援のための大人の精神保健づくりをすすめ、「アサーティブ・トレーニング」「支援者の心の手あて講座」「非暴力 SPA (Safer Peaceful Action) プログラム」など、「わかりやすく、たのしく、あたたかい」をモットーに各地の小・中・高校をはじめ医療・福祉・教育現場に出前中。 著書に『スッキリ！　気持ち伝えるレッスン帳』『ひとりでできるこころの手あて　セルフケアノート』『手紙でしか言えなかった　レターカウンセリングの子どもたち』(新水社)、共著『ティーンズーメール』(朝日新聞社)、『子どもの世間』(小学館) ほか。

●麗奈（れいな）

イラストレーター。10歳のとき、クラスメートが見つけた捨て犬を自宅に連れてきて、クロと名づける。自宅にて友だちとミニコミ『クロのざっし』を創刊。当初、内輪ウケしかしないコアな作風と思われていたが、TEENSPOSTの会報に連載した「心の絵本」を通じてファンが増え、1998年に出版した『ひとりできるこころの手あて　私はわたしのカウンセラー』(ビクターエンタテインメント) によって、全国的に熱い支持をえる。月刊『小学六年生』「なんでも相談室」(小学館) での連載のほか、『ひとりでできるこころの手あて　セルフケアノート』(新水社)、絵本『クロちゃんとリビングのぞうさん』、「クマのリーダー」、CGアニメ『Innerspace Odessey with KURO』(ともにTEENSPOST) のイラストを手がけている。

●クロ

♀。1992年1月31日の寒い日に公園に捨てられていたところを通りかかった小学生によって救われる。その時点で近所のペットショップ店主が「生後３か月、チワワと黒柴のハーフではないか」と推定したため、1991年11月11日を誕生日とする。その後も、捨て犬時代の人間不信はぬぐえぬまま、肖像権をTEENSPOSTに託し、かずかずのメディアデビューを果たし、老若男女から愛される人気キャラクターとなるが、本犬的には、朝晩のペットフードと散歩をかかさず、のらりくらりとマイペースで暮らすスタイルを地道に貫き、この初版発行後、11月30日に15歳で旅立った。

●TEENSPOST（ティーンズポスト）

TEENSPOSTは、新しい時代のコミュニケーションを共につくりだす年齢・性別を超えた民間非営利事業です。

ティーンズポストのフリースペース「スタジオ悠」では、年齢・性別を超えて新しい時代のこころの健康とコミュニケーションを学ぶプログラムを用意しています。

アサーティブをはじめコミュニケーションについてさらに学びたいと思うかた、最新情報はホームページをご覧ください。

＜ティーンズポスト事務局／問い合せ先＞

〒194-0013　東京都町田市原町田3-8-12　アミクラビル5F

http://www.teenspost.jp (PC版/携帯版)

［7days アサーティブネス］
こじれない人間関係のレッスン

2006年9月20日　初版発行
2017年3月10日　6刷発行

著者…………八巻香織
イラスト………麗奈
装丁…………有吉一男
編集………永易至文
発行所………株式会社太郎次郎社エディタス
東京都文京区本郷3-4-3-8F　郵便番号113-0033
電話03-3815-0605
ホームページ　http://www.tarojiro.co.jp
Eメール　tarojiro@tarojiro.co.jp
印刷・製本…………モリモト印刷
定価…………カバーに表示してあります

ISBN978-4-8118-0721-8

いのちに贈る超自立論　安積遊歩 編

すべてのからだは百点満点

「骨形成不全症」のレッテルを超えて生きる著者が語る、未来へのメッセージ。娘との日々、「治す」ことと「治る」こと、生殖技術といのちの選別、プライバシーのワナ……。独特なからだのありようを「障害」とみなす社会をキックし、すべてのいのちにラブ・コールを贈る。●四六判・1600円

ディープ・ブルー　粟津美穂 著

虐待を受けた子どもたちの成長と困難の記録

在米日本人ソーシャルワーカーによる5人の子どもたちの記録。暴力と依存症にみちた家庭に育ち、そこから救いだされた彼らが、複数の大人のサポートのもと、好転と挫折をくり返しながら子どもから若者へと育っていくさまを描いた、書き下ろしノンフィクション。米国の児童保護システムも詳説。●四六判・2100円

カミングアウト・レターズ　RYOJI+砂川秀樹 編

子どもと親、生徒と教師の往復書簡

ゲイ／レズビアンの子とその親、生徒と教師の往復書簡。家族への、身近な人への告白。初めてうちあける子どもの思い。母親の驚き、葛藤、そして受容。生徒と教師の真摯な対話。18歳から82歳まで、7組19通の手紙と2つのストーリーを編んだ。親や家族たちによる座談も収録。●四六判・1700円

降りていく生き方　横川和夫 著

「べてるの家」が歩む、もうひとつの道

「しあわせは私の真下にある」。——依存症も引きこもりも病気も不安も、逆転の発想で糧にする「べてるの家」の人びと。当事者と家族、医師、ソーシャルワーカーの軌跡を深く取材した書きおろしノンフィクション。問題山積でも「順調、順調」といえる彼ら・彼女らの「豊かな回復」への道筋。●四六判・2000円